Książka pt. „Jak odnaleźć wartości nadrzędne" napisana jest na podstawie wykładu wygłoszonego przez Andrzeja Moszczyńskiego.

Andrzej Moszczyński jest autorem 23 książek, 34 wykładów oraz 3 kursów. Pasjonuje go zdobywanie wiedzy z obszaru psychologii osobowości i psychologii pozytywnej.

Ponad 700 razy wystąpił jako prelegent podczas seminariów, konferencji czy kongresów mających charakter społeczny i charytatywny.

Regularnie się dokształca i korzysta ze szkoleń takich organizacji edukacyjnych jak: Harvard Business Review, Ernst & Young, Gallup Institute, PwC.

Jego zainteresowania obejmują następujące tematy: potencjał człowieka, poczucie własnej wartości, szczęście, kluczowe cechy osobowości, w tym między innymi odwaga, wytrwałość, wnikliwość, entuzjazm, wiara w siebie, realizm. Obszar jego zainteresowań stanowią również umiejętności wspierające bycie zadowolonym człowiekiem, między innymi: uczenie się, wyznaczanie celów, planowanie, asertywność, podejmowanie decyzji, inicjatywa, priorytety. Zajmuje się też czynnikami wpływającymi na dobre relacje między ludźmi (należą do nich np. miłość, motywacja, pozytywna postawa, wewnętrzny spokój, zaufanie, mądrość).

Od ponad 30 lat jest przedsiębiorcą. W latach dziewięćdziesiątych był przez dziesięć lat prezesem spółki działającej w branży reklamowej i obejmującej zasięgiem cały kraj. Od 2005 r. do 2015 r. był prezesem spółki inwestycyjnej, która komercjalizowała biurowce, hotele, osiedla mieszkaniowe, galerie handlowe.

W latach 2009-2018 był akcjonariuszem strategicznym oraz przewodniczącym rady nadzorczej fabryki urządzeń okrętowych Expom SA. W 2014 r. utworzył w USA spółkę wydawniczą. Od 2019 r. skupia się przede wszystkim na jej rozwoju.

www.andrewmoszczynski.com

Każdy z nas jest niepowtarzalny i wyjątkowy. Wszyscy rodzimy się z naturalną ciekawością świata, pragnieniem odkrywania, poznawania i tworzenia. Jak to się dzieje, że ta wyjątkowość, kreatywność, radość i swoboda ekspresji zatracają się gdzieś podczas dorastania i przypadającej na ten czas edukacji szkolnej? Czy powszechne systemy edukacji oparte na oświeceniowym przekonaniu, że wszyscy przychodzimy na świat jako „czysta tablica", którą można dowolnie zapisać, wspierają nasz rozwój i rozwijają nasze zdolności, czy jest wręcz przeciwnie? Czy szkoła, próbująca nas ukształtować według narzuconego przez system modelu i starająca się nas wpasować w ramy społecznych oczekiwań, na pewno jest warunkiem odniesienia sukcesu i spełnionego życia? Nie potwierdzają tego przykłady ludzi, którzy zdołali się wyłamać z tego systemu i pójść własną drogą. To samoucy – ci, którzy mimo braku formalnego, systemowego wykształcenia odnoszą sukcesy w przeróżnych dziedzinach i branżach, tworząc, wynajdując, unowocześniając, a często wręcz rewolucjonizując życie swoje i współczesnych im ludzi, czyniąc je lepszym i łatwiejszym.

Książka Sukcesy samouków – Królowie wielkiego biznesu, zawiera pięćdziesiąt biogramów nieprzeciętnych ludzi – przedsiębiorców samouków, którzy często wbrew ciężkim warunkom, biedzie i brakowi szkolnej edukacji odnieśli w życiu wielkie sukcesy, w sposób zasadniczy wpływając na świat, jaki znamy. Niech będą one dla Ciebie dowodem na to, że spełnione życie i sukces zależą przede wszystkim od pracy i samodzielnego rozwoju, a nie od formalnego wykształcenia.

Szczegóły dostępne na stronie: www.andrewmoszczynski.com

Zespół autorski:
Andrew Moszczynski Institute LLC

Redaktor prowadzący:
Alicja Kaszyńska

Zastępca redaktora prowadzącego:
Dorota Śrutowska

Redakcja:
Ewa Ossowska, Anna Skrobiszewska

Korekta:
Dorota Śrutowska

Konsultacja merytoryczna:
dr. Zofia Migus

Projekt graficzny:
Sowa Druk

ISBN: 978-83-65873-58-3

Wszelkie prawa zastrzeżone

Copyright © Andrew Moszczynski Institute LLC 2020

Andrew Moszczynski Institute LLC
1521 Concord Pike STE 303
Wilmington, DE 19803, USA
www.andrewmoszczynski.com

Licencja na Polskę:
Andrew Moszczynski Group sp. z.o.o.
ul. Grunwaldzka 472, 80-309 Gdańsk
www.andrewmoszczynskigroup.com

Licencję wyłączną na Polskę ma Andrew Moszczynski Group sp. z.o.o. Objęta jest nią cała działalność wydawnicza i szkoleniowa Andrew Moszczynski Institute. Bez pisemnego zezwolenia Andrew Moszczynski Group sp. z.o.o. zabrania się kopiowania i rozpowszechniania w jakiejkolwiek formie tekstów, elementów graficznych, materiałów szkoleniowych oraz autorskich pomysłów sygnowanych znakiem firmowym AMI.

Jak odnaleźć wartości nadrzędne

REKOMENDACJE

Krystyna Czubówna

Lubię ludzi, lubię robić coś co przyniesie im pożytek. Stąd też po zapoznaniu się z wykładami przyjęłam propozycję uczestniczenia w powstaniu ich wersji audio. Wiem, że taki sposób przekazu jest bardzo ważny dla ludzi mających kłopoty ze wzrokiem albo będących w ciągłym niedoczasie i wykorzystującym na przyswajanie nowej wiedzy godziny spędzane w samochodzie, pociągu czy autobusie.

Muszę przyznać, że *byłam pod wrażeniem inspirującej mocy wykładów*. Zastanawiałam się, skąd się ona bierze. Doszłam do wniosku, że poza inspirującą treścią jest coś jeszcze. Wyczuwalny w stylu pisania *szacunek do odbiorców wykładów i zrozumienie dla ich różnorodnych postaw, poglądów i przekonań*. A także *obrazowość idei* oraz *precyzja w doborze przykładów, pytań do osobistych przemyśleń i cytatów trafiających w sedno*.

Wykłady pokazują możliwe drogi, jednak nie wpychają na siłę na żadną z nich. *Zachęcają odbiorcę do samodzielnego szukania w sobie, tego*

co dobre, szlachetne, wartościowe. Do podejmowania prób zmiany swego życia na lepsze jakościowo poprzez szlifowanie osobowości, czy – jak powiedzieliby twórcy – strojenie osobowości. Myślę, każdy z nas ma w sobie potencjał do wykorzystania. Że każdy może wieść dobre i satysfakcjonujące życie. Ja miałam szczęście, bo w moim życiu zadziałał przypadek. Przypadkiem trafiłam na rok do pracy w Komitecie Radia i Telewizji. Przypadkiem ktoś mnie tam usłyszał i wysłał na próbę mikrofonową. Dzięki temu odkryłam, że moim potencjałem jest głos, i znalazłam pracę, która mnie fascynuje do dziś. A gdyby tak się nie stało? Czy potrafiłabym świadomie szukać swojego przeznaczenia? Myślę, że bez odpowiedniego przewodnika byłoby to trudne. Dla Państwa takim przewodnikiem może być ta kolekcja wykładów. Serdecznie ją Państwu polecam.

Adam Ferency

Zbyt rzadko zastanawiamy się, jak ma wyglądać nasze życie. Każdy z nas chciałby być szczęśliwy, ale jest to najczęściej tylko jakieś mgliste wyobrażenie tego stanu. Rodzaj czekania na cud. Uświadomiłem sobie, że takie cuda zdarzają się rzadko, i właściwie tylko tym, którzy idąc za swoimi marzeniamim, intuicyjnie określą życiowe cele, a potem z uporem dążą do ich realizacji. Niestety, tego typu intuicja jest dana tylko nielicznym.

Większość z nas potrzebuje wsparcia, by iść do przodu. Takim wsparciem mogą być wykłady, w których nagraniu uczestniczyłem. Nie dają one gotowych recept, zgodnie zresztą z misją wydawcy – zawartą w słowach: Nie pouczamy, inspirujemy. To mi się podoba, bo specjalistów od „jedynie słusznych dróg" mamy już zbyt wielu. Podoba mi się także przewijająca się we wszystkich wykładach zachęta do zobaczenia w sobie wartościowego człowieka, który w każdym momencie może rozpocząć korzystne zmiany w swoim życiu, jeśli tylko naprawdę będzie tego chciał.

Zgadzam się z twórcami wykładów, że warto uwierzyć w swoje możliwości, dostrzec w sobie potencjał, na którym można zacząć budować „nowe" życie oparte na mądrym poczuciu własnej wartości. *W każdym z wykładów znalazłem przydatne narzędzia służące doskonaleniu osobowości.* Niektóre są unikatowe. Warto skorzystać choćby z tych, które pomagają określić cechy charakteru, typ inteligencji oraz mocne i słabe strony oraz pozwalają uzmysłowić sobie wartości nadrzędne, by uczynić z nich rzeczywisty drogowskaz kierujący w stronę realizacji marzeń i życiowej satysfakcji.

dr Zofia Migus

Patrząc na kolekcję wykładów przygotowaną przez Instytut i znając już ciekawą tematykę całości, zwróciłam uwagę na dwa aspekty. Przede wszystkim unikatowa forma przekazu treści. Większości z nas wyraz wykład kojarzy się ze statycznym, jednostronnym przekazem informacji. Uczeń, student, słuchacz siedział, a nauczyciel przekazywał treści dydaktyczne bardziej lub mniej interesująco. Jednak twórcy kolekcji odeszli od tego schematu. Wykłady zostały skonstruowane w inny sposób, dużo bardziej nowoczesny, chociaż nawiązujący do sokratejskich metod nauczania. Każdy z nich zawiera wiele pytań skierowanych do słuchacza, aby mógł już podczas czytania zatrzymać się i przemyśleć usłyszane treści. Wsparciem tego procesu są unikatowe ćwiczenia, które inspirują do formułowania własnych sądów i do tworzenia własnego punktu widzenia. To ogromna pomoc, a jednocześnie spełnienie zasady stosowania praktycznego działania w procesie poznawczym.

Drugi aspekt to przydatność publikacji. Moją uwagę zwróciło połączenie różnych kręgów odbiorców, zwłaszcza odbiorcy indywidualnego (w różnym wieku) z biznesowym. Autorzy wykładów wychodzą bowiem z nadzwyczaj słusznego, niestety nie zawsze docenianego założenia, że *na sukces firmy w głównej mierze składa się powodzenie każdego pojedynczego człowieka, który w niej pracuje.* Niezależnie od tego, jakie stanowisko zajmuje. W związku z tym dbałość o samopoczucie pracownika i jego życiową satysfakcję powinna stać się ważnym zadaniem dla zarządów firm i gremiów kierowniczych. Wykłady, które podejmują wiele ważkich tematów z dziedziny rozwoju osobistego mogą stać się istotną pomocą w realizacji tego zadania. Tym samym mogą przyczynić się do *wzmocnienia identyfikowania się z firmą, wzrostu motywacji, kreatywności, a także tolerancji na zmieniające się środowisko pracy.* Pomoże to w osłabieniu lub nawet eliminacji tak niekorzystnych zjawisk jak nadmierna absencja, fluktuacja kadr czy wypalenie zawodowe.

Jako filozof, nauczyciel i doradca biznesowy *polecam więc te kolekcję zarówno ludziom,*

pragnącym zmienić swoje życie prywatne, jak i firmom, których zamiarem jest stworzenie organizacji na miarę XXI wieku, efektywnej i satysfakcjonującej właścicieli oraz pracowników.

Danuta Stenka

Przypomina mi się ewangeliczna przypowieść o talentach… Pan przed wyjazdem wezwał swoje sługi. Jednemu dał pięć talentów, drugiemu – dwa, trzeciemu – jeden. Dwoje z nich pracowało i pomnażało swoje talenty. Ten, który dostał jeden talent, zakopał go w ziemi, a potem go oddał. Został za to ukarany, bo nie pomnożył tego, co otrzymał.

Tak mi się wydaje, że my – myślę tutaj o wszystkich ludziach na świecie – często przeżywamy życie bez świadomości skarbu, jaki posiadamy. Bez świadomości talentów, którymi zostaliśmy obdarowani. Bez świadomości potencjału, który może nam służyć. *Ten projekt pozwala dostrzec, że tkwią w nas ogromne możliwości*, i dlatego bardzo mi się podoba. Pokazuje, że ludzie osiągający sukcesy, robiący karierę, ludzie, o których myślimy, że dostali zdecydowanie więcej od losu, są właściwie tacy sami jak my. Oni tylko uświadomili sobie, że mają możliwości, że mają potencjał i zrobili z tego użytek. Mam nadzieję, że wykłady, które dostajemy

właśnie do ręki, pomogą wielu ludziom niemającym jeszcze tej świadomości, dokonać odkrycia, że posiadają ogromny skarb – talenty, żeby zdążyli z nich zrobić użytek i nie ukrywali w głębinach swojego wnętrza do końca życia.

Dodam jeszcze, że *chciałabym, żeby te teksty towarzyszyły także moim córkom u progu dorosłego życia.* Żeby miały je przy sobie i mogły do nich zajrzeć w chwilach zwątpienia, załamania czy niepewności. Wierzę, że pomogą im odzyskać zgubioną pewność i złapać właściwy kierunek.

Ja sama podczas czytania tych tekstów, przyznam szczerze, odkurzyłam sobie dawno zapomnianą wiedzę, dodałam do niej nowe aspekty. *Wiele dzięki temu zyskałam i bardzo się z tego cieszę.*

Jerzy Stuhr

Praca nad tymi wykładami uzmysłowiła mi, jaką osobowością ja sam dysponuję i co jeszcze powinienem w sobie zmienić, bo zawsze jest coś do zmiany. W tych tekstach znalazłem też potwierdzenie, że sukcesu w znaczeniu pieniądze i sława jeszcze nie można nazwać szczęściem. Dla mnie osobiście szczęściem jest bezpieczeństwo moich bliskich, radość z pracy, przezwyciężanie słabości czy chorób. Pomyślałem sobie, że właściwie to wszystko gdzieś we mnie jest. Ale nie zawsze uświadomione. Nie zawsze w postaci konkretnych myśli. Raczej jako towarzyszące mi od dawna poczucie, że sam jestem odpowiedzialny za swoje życie. W każdej sytuacji. Nawet w chorobie.

Wierzę, że każdemu ze słuchaczy, troszeczkę za moją pomocą, te wykłady również mogą podpowiedzieć, kim rzeczywiście jest i do czego powinien dążyć w swoim życiu, aby mógł uznać je za udane.

Spis treści

Jak odnaleźć wartości nadrzędne 27
Część utrwalająca 73
Słowniczek 109
Źródła i inspiracje 113

Jak odnaleźć wartości nadrzędne

Narrator
Wiara, mądrość, uczciwość, rodzina, odpowiedzialność, pozycja życiowa, sprawiedliwość czy rozumne działanie?... Co jest ważne dla Ciebie?... Czy potrafisz wskazać i uszeregować wartości kierujące Twoim życiem?... To trudne zadanie. Już starożytni mieli z tym problem. Nie dziwmy się więc, że dla nas, ludzi żyjących współcześnie, również nie jest to łatwe.

Każdy z nas ma swój system wartości. Przy czym najważniejsze są w nim wartości nadrzędne. Pod ich wpływem dokonujemy życiowych wyborów. Indywidualną sprawą każdego człowieka jest to, które spośród wartości będą stać wyżej, a które niżej w hierarchii. Czy w takim razie to my sami decydujemy, co będzie istotą naszego życia?... Niezupełnie. Nie jesteśmy samotną wyspą. Podstawy naszej osobowości zostały uformowane w określonych warunkach i okolicznościach. Istotny wpływ miał na to kanon najważniejszych zasad obowiązujących w kręgu cywilizacyjnym i kulturowym, do którego należymy.

Wartości nadrzędne wraz z najważniejszą z nich – nadwartością – oddziałują na naszą podświadomość i pokazują nam drogę. Jeśli nie weźmiemy ich pod uwagę w swoich poczynaniach, możemy odczuwać napięcie emocjonalne związane z konfliktem pomiędzy wartościami a zachowaniami. Jak dowodzą liczne przykłady, można wierzyć w jedno, a robić coś innego, żywić najszczersze przekonanie, że coś jest słuszne, ale pod wpływem nacisków zewnętrznych spychać to w najgłębsze zakamarki podświadomości.

W dzisiejszym wykładzie postaramy się odkryć, co dla każdego z nas z osobna stanowi niezaprzeczalną wartość i czy rzeczywiście wynika to z naszych przekonań, czy też zostało nam narzucone przez środowisko... Stworzymy także własną hierarchię wartości i zastanowimy się, jak jej uświadomienie sobie wpłynie na nasze życie.

Prelegent
Już starożytni doszli do wniosku, że jedyną receptą na życie w harmonii z przyrodą i własnym

wnętrzem jest kierowanie się wartościami. Łatwo jednak radzić: „Żyj zgodnie ze swoimi wartościami!". Trudniej odpowiedzieć na pytanie, jak to zrobić. A przede wszystkim, jak ustalić, które wartości są dla nas (każdego z osobna) najważniejsze... Spróbujmy pomyśleć nad tym wspólnie. Zacznijmy od uporządkowania naszej wiedzy na temat wartości.

Nauka o wartościach została wyodrębniona z filozofii stosunkowo niedawno, bo na przełomie XIX i XX wieku. Nazwano ją aksjologią. Greckie słowo *aksios* oznacza bowiem – wartościowy, bezcenny. Problematyka związana z wartościami była podejmowana jednak dużo, dużo wcześniej. Jako pierwsi nad sensem życia ludzkiego zaczęli zastanawiać się myśliciele starożytni.

Sokrates uznawał, że najwyższą wartością jest *arete*. *Arete*, czyli cnota, była jednak wówczas pojmowana zupełnie inaczej niż dzisiaj. Oznaczała dążenie do doskonalenia cechy najważniejszej dla stanu, do którego należy dany człowiek. Dla wojownika na przykład było nią męstwo, dla niewolnika – pracowitość i wierna służba panu. Sokrates uważał, że tylko *arete* gwarantuje szczęście. Twierdził, że dochodzi się do niej poprzez naukę. Jego zdaniem, źródłem wszelkiego zła była niewiedza. Przekazywanie tej mądrości stało się pasją tego starożytnego myśliciela.

Przyjemność życia jest przyjemnością płynącą z ćwiczenia duszy. To jest bowiem prawdziwe życie. ARYSTOTELES

Nieco później najbardziej znane idee filozoficzne pojmowały szczęście na dwa sposoby. Cynicy i myśliciele im bliscy uważali, że szczęście osobiste polega na pielęgnowaniu cnoty i wyrzeczeniu się dóbr prywatnych, natomiast hedoniści upatrywali jego źródeł w osiąganiu chwilowych przyjemności. Platon, uczeń Sokratesa, za najwyższą wartość, ideę, uznawał dobro. Uważał, że o ciągłym dążeniu duszy ludzkiej do dobra świadczą różne rodzaje miłości, które człowiek odczuwa. Arystoteles także na pierwszym miejscu stawiał dobro, ale twierdził, że można do niego dojść jedynie poprzez wytyczanie sobie celów. Najważniejszym celem jest zaś osiągnięcie szczęścia. Polega ono na rozumnym działaniu, które powinno cechować człowieka w każdej sytuacji życiowej.

Pytanie, co zrobić, żeby osiągnąć szczęście, zadawał także Seneka. W swoich pismach podkreślał potrzebę ciągłego doskonalenia się, bo miało to, jego zdaniem, uwalniać od niepokojów i uodparniać na życiowe wstrząsy. Uważał, że człowiek powinien dążyć do stanu idealnego, którym jest spokój ducha.

Narrator
To krótkie wejrzenie w rozważania myślicieli antycznych może nam uzmysłowić, jak ważne są pytania o to, po co żyjemy i do czego dążymy. Od odpowiedzi, jakiej udzielimy, zależy całe nasze życie. Czy oddamy się służbie Bogu, rodzinie czy innym ludziom?... Każdy sam o tym rozstrzyga w głębi własnej duszy. Powinien to być wybór świadomy, oparty na mocnym fundamencie. Takim fundamentem są dla człowieka wartości.

Prelegent
W jaki sposób istnieją wartości?... No, właśnie. Nawet myśliciele nie wiedzą tego na

pewno. Trudno ustalić naturę czegoś tak niematerialnego...

Teoria obiektywistyczna głosi, że wartości są od nas niezależne, twarde jak skała i niezmienne. To nie my decydujemy, czy coś jest wartością, czy nie. Są ponadczasowe! Istnieją jak Dekalog! Mijają wieki, zmienia się stosunek do religii, a Dziesięcioro Przykazań trwa i stanowi najbardziej lapidarny zbiór norm, jaki istnieje. Gdyby ludzie, zarówno wierzący, jak i niewierzący, przestrzegali nakazów zawartych w Dekalogu, żaden kodeks karny nie byłby potrzebny!

Czy jest jednak możliwe, żeby wartości zawsze i wszędzie miały jednakowe znaczenie?... Niestety, nie zawsze i nie wszystkie. Spójrzmy choćby na równość i sprawiedliwość. W różnych czasach i w różnych szerokościach geograficznych były rozumiane odmiennie. Przykłady?... Miejsce kobiet w społeczeństwie, podział społeczeństw na stany, stosunek do kary śmierci. Różnice związane z tymi zjawiskami widoczne są nawet w naszych czasach. Wspólnoty chrześcijańskie wyznają zasadę równości stanów oraz są przeciwko karze śmierci. Jednak niektóre religie uznają zróżnicowania społeczne oparte na pochodzeniu za oczywiste, a karę śmierci za sprawiedliwą. Ich wartości są inne, bo wynikają z odmiennych zasad.

Dylematy związane ze sposobem istnienia wartości doprowadziły do powstania teorii subiektywistycznej. Zakłada ona, że każdy z nas sam decyduje, co uzna za ważne, dobre lub piękne. Kusząca perspektywa, ale... Przypomnijmy sobie choćby scenę z powieści Henryka Sienkiewicza *W pustyni i w puszczy*, z której dowiadujemy się, jak Kali, czarnoskóry przedstawiciel afrykańskiego plemienia Wahima, rozumie dobro: Jeśli ktoś Kalemu zabierze krowy, to zły uczynek; jeśli Kali komuś – dobry! Gdybyśmy uznali, że teoria subiektywistyczna jest w 100 procentach prawdziwa, zbyt łatwo znajdowalibyśmy usprawiedliwienie dla swoich czynów.

Najwyższym dobrem jest duch, gardzący przypadkowymi dobrami, rozradowany cnotą, albo ściślej, niepokonana siła ducha, doświadczona we wszystkim, łagodna w czynach, delikatna w obejściu z innymi. SENEKA

Współcześnie najwięcej zwolenników ma chyba teoria relatywistyczna, zwana także obiektywistyczno-subiektywistyczną. Wskazuje ona, że wartości w pewnym stopniu istnieją obiektywnie, a więc w jakiś sposób są niezmienne. Jednak zbudowany z nich przez każdego z nas system zależy od bardzo wielu czynników zewnętrznych, takich jak środowisko, tradycja, religia, wykształcenie, moda, a nawet szerokość geograficzna, w której żyjemy.

Mówimy o wartościach, ale czy potrafilibyśmy odpowiedzieć na pytanie: „Co to są wartości?"... Znamy wyraz „wartość", prawda?... Posługuje się nim właściwie każdy, ale... jeśli zapytamy o znaczenie tego słowa, usłyszymy różne odpowiedzi. Jednym wartość będzie się kojarzyć z materialnym przelicznikiem wszystkiego, czego w życiu doświadczamy fizycznie bądź duchowo. Inni uznają za wartość to, co liczy się dla nich uczuciowo bądź emocjonalnie. Wartość materialną będzie mieć na przykład nieruchomość, wartość emocjonalną – rodzinne fotografie. Każdemu z nas wartości będzie łatwiej wymienić, niż zdefiniować.

Narrator

W wielu sformułowaniach ujmujących wartość w kategoriach etycznych pojawia się stwierdzenie, że wartością może być wszystko to, co jest celem ludzkich dążeń. Czy to jednak wystarczy?... Czy wyczerpuje znaczenie tego słowa?... Co oznacza „wszystko"?... A jeśli człowiek za godne pożądania uzna mienie sąsiada i będzie dążył do przejęcia cudzej własności?... Albo uzna swoją wyższość rasową, etniczną czy kulturową i będzie chciał to usankcjonować?... Czy to też będą wartości?... Większość z nas odpowie, że nie. I słusznie! Wartość powinna mieć jeszcze jedną cechę: powinna mieścić się w kategoriach dobra oraz pożytku osobistego i społecznego. Inaczej będzie antywartością. Na potrzeby naszych rozważań przyjmijmy następującą definicję wartości: Wartością będziemy nazywać kierunek postępowania prowadzący do wydobycia z własnej egzystencji satysfakcji osobistej i społecznej.

Prelegent

Zauważ, że to właśnie my, ludzie, mamy przywilej kierowania się w życiu wartościami.

Oczywiście, nie musimy z niego korzystać. To wolny wybór. Ale dlaczego tego nie zrobić, jeśli wiemy, że dzięki wartościom możemy zrealizować każde zamierzenie i poczuć się spełnieni. Dla takiego celu warto poświęcić swój czas. Spróbujmy zatem dowiedzieć się, co jest dla nas rzeczywiście ważne. Wartości jest bardzo wiele. Dotyczą różnych sfer życia: duchowej, psychicznej lub fizycznej, czyli materialnej. Do wymienianych najczęściej należą: mądrość, wiara, miłość, przyjaźń, rodzina, uczciwość, ojczyzna, odpowiedzialność, wolność, sprawiedliwość, zdrowie, praca, honor, dobre relacje z ludźmi, tolerancja, altruizm, ale też władza, sława, kariera, dobrobyt, używanie życia.

Obiektywnie nie istnieją wartości gorsze i lepsze. Nie da się ich ułożyć w jednym, jedynie słusznym, porządku. Nie można porównywać ze sobą wyborów poszczególnych ludzi. Każdy z nas ma własne kryteria.

Każdy człowiek ma indywidualny i autonomiczny system wartości z kanonem wartości nadrzędnych i nadwartością. Na system wartości składają się normy i oceny moralne oraz wzorce osobowe. Normy moralne to zasady, jakimi się kierujemy w życiu, najczęściej w formie nakazów lub zakazów. Złamanie takiej normy pociąga za sobą konsekwencje: wyrzuty sumienia lub dezaprobatę otoczenia. Normy moralne mogą przybierać charakter kategoryczny, na przykład: „Nie zabijaj!" lub hipotetyczny, na przykład: „Jeśli będziesz szanował ludzi, oni także okażą ci szacunek". Jeżeli norma nie dopuszcza żadnych ustępstw, uznajemy ją za bezwzględną. Charakter względny ma wówczas, kiedy istnieją okoliczności, w których dopuszczamy jej złamanie, na przykład usprawiedliwiamy kradzież jedzenia dla ratowania czyjegoś lub swojego życia mimo normy „nie kradnij".

Wskazane jest, by system wartości uzupełnić o wzorce moralne, czyli autorytety. Znajdziemy je we wszystkich kulturach. Dla jednych takim wzorcem będzie Dalajlama lub Gandhi, dla innych Leonardo da Vinci czy któryś z wielkich myślicieli, pisarzy lub polityków. Ideałem osobowym może być też własny rodzic, nauczyciel lub ktoś z bliskiego otoczenia, nieznany szerszemu gronu. Co wobec tego wyróżnia spośród tłumu osobę będącą wzorcem moralnym?… Przede wszystkim niezmienność przekonań i kierowanie się tą samą nadwartością przez całe dojrzałe życie. Niewielu ludzi może się tym pochwalić.

Mówiliśmy już o tym, że nawet filozofowie nie zgadzają się w kwestii sposobu istnienia wartości. Trudno się więc dziwić dylematom zwykłego człowieka. Jednak bez względu na to, czy uważamy, że wartości są niezmienne i stałe dla wszystkich, czy też przyjmujemy, że są zależne od indywidualnych preferencji i szeroko rozumianego środowiska, jedno jest pewne: nie istnieją osobno, lecz w zestawach nazywanych systemami wartości. System wartości wyznacza kierunek dążeń człowieka, jest odpowiedzialny za to, jak człowiek żyje i co wybiera. Ma układ koncentryczny, a w jego środku mieszczą się wartości nadrzędne. Ich liczba jest różna dla poszczególnych ludzi, ale nie przekracza dwóch, trzech. Centralne miejsce zajmuje nadwartość. Wokół tej wewnętrznej grupy są rozmieszczone pozostałe wartości.

Narrator
Zastanówmy się, czy właściwie rozpoznaliśmy wartości nadrzędne i wybraliśmy najważniejszą

z nich, nadwartość. To bardzo istotne! Jeśli nie zrobimy tego dobrze, możemy bezładnie zmieniać cele i co rusz co innego uznawać za warte zachodu. Skupimy się na snuciu planów, pięknych i perspektywicznych, ale łatwo będziemy porzucać kolejne przedsięwzięcia, nieraz tuż przed metą. Czy nie przypomina to wtaczania przez Syzyfa głazu na ogromną górę?... Czy ktokolwiek chciałby być Syzyfem i całe życie pracować bez osiągnięcia ostatecznego efektu?... Raczej nie. Dlatego warto poświęcić trochę czasu na rozpoznanie wartości nadrzędnych. Kiedy wreszcie, stojąc na samej górze, obok wtoczonego tam kamienia, czyli po dojściu do celu, spojrzymy w dół, ogarnie nas ogromna satysfakcja i radość. To uczucie nie do przecenienia. Prawdziwe spełnienie.

Prelegent
W określaniu własnego systemu wartości czai się pewne niebezpieczeństwo. Bardzo łatwo ulec społecznej presji. Na przykład Bóg, honor, ojczyzna to niezwykle piękne wartości, ale czy na pewno nasze?... Może w rzeczywistości uważamy je tylko za górnolotne hasła na sztandarze,

niewywołujące żadnych emocji, niekojarzące się z niczym poza obowiązkowymi uroczystościami „ku czci"?... A może jednak mają one dla nas znaczenie, lecz nie mieliśmy okazji się nad tym zastanowić i o tym przekonać?... A co z kolejnymi popularnymi wartościami, takimi jak rodzina, praca czy zdrowie?...

Rozważmy trzy ostatnie.

Rodzina?... Niecierpliwią nas dzieci, chętnie podrzucamy je babci, nie przepadamy za rodzinnymi obiadkami i wspólnymi urlopami. Czy zatem rodzina naprawdę jest dla nas najważniejsza?...

Praca?... Jak bardzo nie lubimy poniedziałków?... Ile razy kolejne zadanie przyprawia nas o złość i ból głowy?... Może czekamy stale na dzień wolny?... Jeśli sobie odpowiemy na te pytania, czy nadal będziemy uznawać, że praca jest dla nas najważniejsza?...

Zdrowie?... Papierosy, alkohol, niedospanie, brak ruchu, żadnej profilaktyki to codzienność wielu z nas. A jednak najczęściej życzymy sobie właśnie zdrowia, bo – jak powtarzamy bezrefleksyjnie – zdrowie jest najważniejsze. Brzmi ironicznie, prawda?...

To jedynie podpowiedzi, co warto przemyśleć. Czasem presja społeczna lub stereotypy nie pozwalają przyznać się nam nawet przed sobą samym, że na przykład założenie rodziny i związek małżeński nie mają znaczącej wartości w naszym życiu. Ci, którzy na czas zauważą, że nie jest to ich życiowe powołanie, odnajdują się w innej roli i tam w pełni realizują. Rodzaj powołania nie ma znaczenia. Może za nim pójść każdy, kto czuje, że nie będzie dobrym małżonkiem i rodzicem, za to widzi swoje miejsce gdzie indziej. Pamiętasz doktora Judyma z powieści Stefana Żeromskiego *Ludzie bezdomni*?... Wybrał działalność społecznikowską. Znał realia, potrafił ocenić swoją sytuację i to, że pomoc biednym będzie oznaczała niemożność zapewnienia rodzinie godziwego bytu. Odnalazł swoją wartość nadrzędną – opiekę nad słabszymi – i postanowił się jej oddać.

To bardzo ważne, by przy określaniu osobistego systemu wartości być szczerym wobec siebie i kierować się wyłącznie swoimi własnymi odczuciami, a więc podjąć decyzję autonomicznie.

Cały czas mówimy o tym, że powinniśmy rozpoznać i zhierarchizować wartości, chociaż w naszych czasach panuje przekonanie, że to niepotrzebne... że ogranicza... że więzi. Wielu z nas pragnie mieć wszystko i nie chce z niczego rezygnować. To sposób myślenia typowy dla ludzi, którzy skupiają się na wartościach materialnych. W upowszechnianiu tego myślenia pomagają nam media. Na fotografiach prasowych i w telewizji widzimy uśmiechnięte twarze aktorów, polityków oraz biznesmenów w pięknych domach i samochodach, w modnych ubraniach i fryzurach. Pieniądze, pieniądze, pieniądze... Reklamy nawołują: „Kup, jesteś tego warta!", „Musisz to mieć!", „Tylko dla prawdziwego mężczyzny!". Myślimy: „Och, jak to przyjemnie być takim pięknym, tak dobrze ubranym, tak pracować i spędzać czas wolny!". Chcemy choć przez chwilę poczuć się podobnie... Tymczasem te fotografowane osoby są często głęboko nieszczęśliwe i samotne. Jak król Midas, którego największym pragnieniem było, żeby wszystko, czego dotknie, zmieniało się w złoto. Jego marzenie się spełniło, ale omal nie umarł z głodu, bo złotem stawało się też jedzenie. Długo musiał prosić Apollina, żeby zabrał mu ten dar.

Zastanówmy się przez chwilę, dlaczego tak zwani ludzie sukcesu, jeśli sukces oparli wyłącznie na dobrach materialnych, często ponoszą porażkę?... Przede wszystkim dlatego, że dobra, o które zabiegali, nie są do nich przypisane na zawsze. My, ludzie, jesteśmy tylko posiadaczami dóbr. Przez jak długi czas?... Nie wiadomo. Wystarczy niesprzyjający zbieg okoliczności i wszystko tracimy! Wszystko, nie tylko majątek i sławę. Już wcześniej prawdopodobnie pozbyliśmy się przyjaciół, bo nie mogąc rozpoznać, kto przyjaźni się z nami, a kto z naszymi pieniędzmi, na wszelki wypadek nie ufaliśmy nikomu.

W przeciwieństwie do dóbr materialnych wartości nie można nikomu odebrać. One po prostu są. Rozwijają się wraz z nami i stale nam towarzyszą. Pomagają odnaleźć sens życia i prowadzą do trwałego szczęścia. Możemy się im sprzeniewierzyć, ale nie możemy się ich pozbyć.

Ludzie, którzy wartościom materialnym nie nadają wielkiego znaczenia, trzymają się w cieniu. Są wszędzie wokół nas, ale zazwyczaj ich nie dostrzegamy. Nie zabiegają o rozgłos, nie epatują bogactwem, nawet jeśli je mają. Spokojnie dzielą czas między cele wyznaczone przez swój system wartości. To pozwala im na budowanie trwałych i dobrych relacji. Są znakomitymi przyjaciółmi, bo nikogo nie wykorzystują. Potrafią dostrzec i docenić przymioty innych, a potem pomagają im je rozwinąć. Skutki ich działania rozchodzą się w środowisku. Powoli i cicho obejmują coraz większą grupę osób, często nieświadomych tego, który motyl zatrzepotał skrzydłami i zapoczątkował zmiany...

Po czym mamy rozpoznać wartość najważniejszą z ważnych?... Niewątpliwie po sile, jaką w nas obudzi. Jeśli gotowi jesteśmy do poświęceń, jeśli ta wartość wywołuje w nas chęć działania i entuzjazm, możemy uznać, że stoi w centralnym miejscu naszej hierarchii. Może uśmiechasz się teraz pod nosem, myśląc „Zaraz dowiem się, że dla wartości nadrzędnej gotów jestem oddać życie!". I masz rację! Dla wartości nadrzędnej jesteśmy skłonni ryzykować życie i choć codzienność w czasach pokoju rzadko wymaga od nas takiej ofiary, zdarzają się sytuacje, w których los mówi: sprawdzam!

Narrator

Czas na chwilę dygresji. Czy nasze wywody mają dowieść, że zabieganie o wartości materialne jest złe?… Absolutnie nie! Warto mieć zaplecze finansowe, które pozwoli wygodnie mieszkać, utrzymać rodzinę, realizować pasje. Jednak nie można się koncentrować wyłącznie na tym. Skupienie się na „być" zamiast na „mieć" to jeden z najlepszych prezentów, jaki możemy sobie podarować. Wówczas myśli, które podpowiadają nam, czego jeszcze nie mamy, odpłyną. Staną się nieważne! Zaczniemy doceniać dotychczasowe osiągnięcia. Zaobserwujemy też dziwne zjawisko! Ta jedna jedyna zmiana w sposobie myślenia spowoduje, że to, co mamy, zacznie nam wystarczać! Bez zmiany jakości życia! Bez wzrostu zasobów finansowych! Bez nowych zakupów! Po prostu będzie wystarczać i już. Zaczniemy się cieszyć każdą chwilą. Zbyt często wpatrujemy się w przeszłość lub wypatrujemy przyszłości, zamiast zainteresować się tym, co dzieje się tu i teraz. A przecież życie toczy się tylko w tej jednej bieżącej chwili. Warto się nią cieszyć. Poczujemy niemal automatycznie ogarniającą nas satysfakcję i spełnienie. Zyskamy pewność, że jesteśmy na dobrej drodze, a nasze życie ma sens.

Prelegent
Jak osiągnąć ten stan?... Jest na to sposób – uważność. Skupiajmy się na każdej czynności, którą w danym momencie wykonujemy, czy jest to budowanie prototypu nowego samochodu czy tylko jego mycie. Podejdźmy bardzo poważnie do tego, co robimy, cokolwiek by to było. Dzięki temu zyskamy świadomość wewnętrznego bogactwa. Dostrzeżemy je. Porażki i błędy zaczniemy traktować wyłącznie jako źródło informacji i doświadczenie, które pozwoli nam zmienić nieco kurs, by pewniej dojść do celu.

Jeśli nasz system wartości jest dobrze ustawiony, podświadomość pomoże nam realizować wytyczone cele. Odkryjemy w sobie cechy, które staną się naszymi asystentami i będą w każdej chwili na nasze usługi, niczym dżin z lampy Aladyna, który pojawia się na wezwanie, gotowy spełnić każde marzenie swego pana. Dzięki tej potężnej sile będziemy w stanie pokonać wszystkie trudności. Zdziwimy się, że nasze życie zacznie się układać. Warto przypomnieć to, o czym mówiliśmy już w poprzednich wykładach: podświadomość działa zawsze, bez względu na to, co postanowimy zrobić.

Pilnujmy więc, żeby nasze cele nie były destrukcyjne i nie nastawiały się na niszczenie nas samych i innych. Podświadomość będzie nam ułatwiać realizację wszystkich zamierzeń, bez dokonywania oceny wstępnej. Niech więc nasze intencje zawsze będą czyste!

Uzmysłowienie sobie wartości nadrzędnych pozwala zobaczyć świat i siebie samego w zupełnie innym wymiarze. W momencie gdy to się stanie, z łatwością dostrzeżemy kierunek, w którym powinniśmy pójść. Zniknie chaos. Myśli, uczucia i uczynki zaczną się porządkować i ustawiać w odpowiedniej kolejności. Dużo łatwiej będzie nam ocenić własne postępowanie. Sumienie znacznie rzadziej będzie miało powody, by odzywać się w przykry sposób i tą metodą nakłaniać nas do powrotu na właściwą drogę. Poczujemy, że od wewnątrz płynie do nas siła, która pozwoli na dokonywanie pozytywnych zmian w naszym życiu. To będzie mocny impuls! Pod jego wpływem uruchamiają się wyjątkowe cechy, drzemiące w każdym z nas, bez wyjątku! One pozwolą nam odnaleźć w sobie moc działania i chęć pozytywnej zmiany. Co to za cechy?... Jest ich niemało. Większość znasz doskonale. Należą do nich między innymi: odwaga, wnikliwość, wytrwałość, determinacja, zapał i entuzjazm, optymizm, wiara we własne możliwości, dyscyplina wewnętrzna, pokora, panowanie nad sobą, cierpliwość, gotowość do okazywania sympatii i miłości oraz łagodność. Może pomyślałeś teraz: „Próbowałem kiedyś ćwiczyć cierpliwość... wytrwałość... odwagę... ale się nie powiodło. Po prostu taki nie jestem!". Zapewne zabrakło ci motywacji opartej na wartościach. Spróbuj znowu! Warto, bo te cechy pomagają w realizacji różnych zamierzeń w życiu zawodowym i osobistym.

> Człowiek, który zyska i zachowa władzę nad sobą, dokona rzeczy największych i najtrudniejszych. JOHANN WOLFGANG VON GOETHE

Przyjrzyjmy się bliżej niektórym z wymienionych cech. Do czego są nam potrzebne?... Wiara we własne możliwości pozwala dostrzec nasze predyspozycje i uzdolnienia, by za pomocą podświadomości zaplanować drogę do celu, a następnie zrealizować podjęte zamierzenia. Wnikliwość daje zdolność do dogłębnego badania każdej sprawy, do poszukiwania prawdy i odrzucania pozorów. Wytrwałość wyzwala konsekwentne podążanie w wybranym kierunku, mimo przeszkód, niedogodności, zniechęcenia, także ze strony innych, nawet bliskich osób. Odwaga ułatwia wypowiadanie się i postępowanie zgodne z własnymi przekonaniami, bez względu na konsekwencje. W połączeniu z cierpliwością i łagodnością jest niezwykle pozytywna, lecz bez nich może stać się destrukcyjna i bezwzględna. Zapał i entuzjazm angażuje nas w każdą wykonywaną czynność i budzi gotowość do działania połączoną z radością i świadomością dążenia do celu.

Kiedy wyzwolisz w sobie te i pozostałe przymioty, zaczną one harmonijnie ze sobą współpracować i tworzyć zarys silnego charakteru. Im szybciej odkryjesz, co jest dla Ciebie w życiu najważniejsze, tym prędzej wprawisz w ruch te wspaniałe cechy. Warto je wzmacniać codzienną pracą nad sobą, by mogły się ujawnić w każdej sytuacji.

Narrator

Wartości to – najprościej mówiąc – wszystko, co uznajemy w życiu za ważne, bardzo ważne i najważniejsze. W tym pojęciu mieści się to, co cenne i godne pożądania oraz to, co stanowi cel naszych dążeń, zaspokaja nasze potrzeby, a zarazem daje satysfakcję.

Myśliciele od wieków toczą dyskusje na temat wartości. Czym są?... Jak je zdefiniować?... W jaki sposób istnieją?... I od wieków zdania na ten temat są podzielone. Obiektywiści twierdzą, że wartości są niezależne od nas, ale potrafimy je rozpoznać. Subiektywiści natomiast uzależniają wartość od decyzji człowieka, który samodzielnie i świadomie określa, co jest dla niego mądre, dobre lub piękne. Współcześnie niezwykle popularne jest stanowisko relatywistyczne, które uzależnia system wartości od szeregu czynników.

Wartości tworzą system koncentryczny. W jego środku mieści się wartość centralna, czyli nadwartość, która wskazuje, co jest dla nas najważniejsze... Za co gotowi jesteśmy nawet oddać życie. Wokół niej skupiają się wartości bardziej lub mniej dla nas istotne. Każdy, stosując pewne kryteria wyboru, ustala swój indywidualny i autonomiczny system wartości z kanonem wartości nadrzędnych. Stanowią one siłę, która skłania nas do wzmożonej aktywności. Na nasz indywidualny system składają się normy, oceny moralne i wzorce osobowe. W życiu kierujemy się zasadami ujmowanymi w formę nakazów lub zakazów. Oczywiście, są one społecznie aprobowane i pożądane, ale niekoniecznie zgodne z naszymi przekonaniami. Dlatego przy określaniu osobistej struktury wartości bądźmy wobec siebie szczerzy. Nie kierujmy się opiniami innych, lecz samodzielnie dochodźmy do tego, co stanowi wartość w naszym życiu.

Ważne, byśmy ustalili własną hierarchię wartości, pamiętając o tej nadrzędnej, gdyż jest to klucz do spełnienia wielu zamierzeń i osobistego poczucia szczęścia. Wybierajmy wartości jasne i sprecyzowane. Takie jak wiara, dobro, miłość, uczciwość, prawda, wolność…

Skoro już wiemy, czym są wartości i w jaki sposób istnieją, rozważmy, co wpływa na kształtowanie się indywidualnego systemu wartości każdego z nas. Od jakich czynników zależy, co uznajemy za ważne dla nas samych?… I czy rzeczywiście to takie ważne?… Przecież większość z nas jakoś żyje, nie myśląc na co dzień o wartości nadrzędnej... No właśnie, jakoś! W tej części wykładu zastanowimy się, co się dzieje, gdy nie ustalimy autonomicznej hierarchii wartości... Lub gdy ją ustalimy, ale kierując się priorytetami innych. Spróbujemy odkryć, które z wartości mogą być dla nas tymi najważniejszymi, i jak je rozpoznać. Przypomnimy też pewną postać, która mimo niepełnosprawności nie tylko sama odnalazła sens istnienia, lecz także potrafiła zainspirować innych do poszukiwania lepszego życia.

Prelegent
System wartości ma każdy z nas – nawet jeśli sobie tego nie uświadamia. W jaki sposób tworzy się taki system?... Czy bierzemy karteczki z nazwami wartości i jak w dziewczęcej zabawie: „Kocha, lubi, szanuje..." wskazujemy: „Ta mi pasuje!", „Ta pięknie brzmi!", „Tej mi będą zazdrość!"? Nic z tego! To tak nie działa!

Zgodnie z najczęściej współcześnie reprezentowanym stanowiskiem relatywistycznym, system wartości człowieka nie ma jednego źródła. Na jego kształt wpływa wiele elementów.

Niektóre się ze sobą zazębiają, inne są rozłączne. Należą do nich między innymi: środowisko, w jakim się wychowujemy, tradycja, kultura, religia, wykształcenie, autorytety, doświadczenia, osobiste predyspozycje psychologiczne, moda, a nawet epoka, w której żyjemy, oraz szerokość geograficzna.

> Największym szczęściem jest poczucie sensu życia. BENJAMIN DISRAELI

W procesie nabywania wartości ogromną rolę odgrywa środowisko społeczne: rodzina bliższa i dalsza, szkoła, ludzie spoza tych kręgów. Rodzina i szkoła są powołane do tego, żeby uczyć nas odpowiednich zachowań. Takie świadome oddziaływanie na człowieka nazywa się wychowaniem. Innym sposobem oddziaływania jest socjalizacja. Ten proces przebiega nieświadomie. W kontaktach z innymi obserwujemy różnorodne postawy, które albo przejmujemy, albo negujemy. Jednak zawsze wpływają one na naszą osobowość i kształtują nasze wartości. Właściwie można powiedzieć, że poprzez te dwa procesy docierają do nas wszystkie bodźce formujące system wartości, z wyjątkiem psychiki – ten jeden element jest wyłącznie nasz.

Narrator
Odkrywanie świata wartości nie jest procesem skończonym. Jednak jeśli byliśmy mądrze wychowywani, w dorosłym życiu uświadomimy sobie ich hierarchię. Co nie znaczy, że określona wartość przez cały czas będzie dla nas tak samo ważna. Przykładem może być używanie życia, które w młodości ma znaczenie dla wielu ludzi, natomiast później je traci. To proces prawidłowy. Wartość ta jest istotna przez całe życie jedynie dla tych, którzy w procesie rozwoju nie wyszli poza etap dojrzewania. To, jakie wartości ustawimy w centrum systemu, jakie staną się dla nas wartościami nadrzędnymi, wpłynie na obraz całego naszego dorosłego życia.

Prelegent
Pomyślmy, co się dzieje, jeśli na miejscu wartości nadrzędnej postawimy zarabianie pieniędzy. Od razu odezwą się głosy, że nikt z nas tak nie powie. I rzeczywiście: nie powie! Ale…

czy nie pomyśli?... Popularne jest powiedzenie: „Pieniądze szczęścia nie dają...". Stefan Kisielewski dopisał do niego drugą część: „... lecz każdy chce to sprawdzić osobiście". Mimo doświadczeń wielu pokoleń ludzi, po cichu nadal w to wierzymy i łudzimy się, że jesteśmy inni, że znamy wartość pieniędzy, wykorzystamy je w najlepszy możliwy sposób i będziemy szczęśliwi. Odzywa się w nas król Midas: „Chcę mieć!". A przecież nadmierne zamiłowanie do gromadzenia pieniędzy może ograbić człowieka z radości, choć od niej właśnie przygoda z posiadaniem pieniędzy się zaczyna.

Pieniądze, które zgodnie ze słowami Biblii powinny być naszym sługą, stają się naszym panem. To my, żeby utrzymać wszystko, co zakupiliśmy, musimy zarabiać, coraz więcej i więcej. Przestajemy czerpać przyjemność z takiej przymusowej pracy, stajemy się jej niewolnikami. Czujemy się ciągle zmęczeni, a osiągnięte bogactwo pogania nas i krzyczy: jeszcze, jeszcze! Wreszcie mamy dość, ale nie umiemy powiedzieć: „Stop!". Kończy się to frustracją albo chorobą. Warto więc do wszelkich dóbr materialnych zachowywać zdrowy dystans. To tylko rzeczy. Nie są one celem samym w sobie, a jedynie narzędziem do zapewnienia człowiekowi godnego życia. Nadmierna ilość pieniędzy powoduje – podobnie jak zbyt mała ich ilość – ograniczenie wolności. Najpierw boimy się całkowitego braku funduszy, potem... utraty bogactwa. Dobrą dewizą na życie jest zachowanie umiaru! Wystarczy mieć tyle pieniędzy, żeby nie martwić się ich brakiem, ale nie pozwolić, by stały się celem życia.

> Pieniądz wiele żąda od swego właściciela – zabierze mu nawet duszę, jeśli nie będzie na siebie uważał. TRYGVE GULBRANSSEN

Jeśli za najważniejsze uznamy szczęście rodzinne, będziemy podświadomie szukać wszelkich sposobów, żeby je osiągnąć i stworzyć szczęśliwą rodzinę. Czy wtedy problemy, które zgłasza któryś z członków rodziny, będą powodem do zniecierpliwienia?... Raczej nie! Czy bycie z rodziną będziemy utożsamiać ze stratą czasu?... Nie w tym wypadku! Wspólne przebywanie nie będzie dla nas „ich" czasem, to będzie „nasz" czas. Zupełnie inaczej potraktujemy zabawę z dziećmi. Nie zachowamy się jak tatuś z pewnej historyjki, którą być może znasz. Ów tatuś kupił synowi na gwiazdkę kolejkę elektryczną, a potem bawił się sam, nie dając dziecku nawet dotknąć nowego urządzenia, bo... popsuje! Czy dziecko stojące z boku i obserwujące bawiącego się tatusia może mieć jakiekolwiek pozytywne odczucia?... Nie! Następstwem będzie zniechęcenie, smutna mina, a nawet łzy, które egoistyczny rodzic odczyta jako skrajną niewdzięczność.

Postawienie na pierwszym miejscu rodziny sprawi, że będziemy potrafili odróżnić jej autentyczne potrzeby od powierzchownych przyjemności. Bez większych trudności rozpoznamy pragnienia każdego z naszych bliskich – wnikniemy w osobowość i potrzeby dzieci, współmałżonka, rodziców oraz innych krewnych. Dawanie im prawdziwego szczęścia stanie dla nas ważniejsze niż własna wygoda. Ustalenie, że wartością nadrzędną jest rodzina, spowoduje, że skupimy się na niej samej, a nie tylko na pozyskiwaniu środków materialnych, żeby zapewnić jej godziwe bytowanie. Istotą działań stanie się zaspokajanie potrzeb wewnętrznych naszych najbliższych, przede wszystkim podstawowych potrzeb emocjonalnych: bezpieczeństwa i miłości.

Narrator
Spróbujmy popatrzeć na każdą sytuację oczami nie tylko własnymi, lecz także członków rodziny. To nie jest łatwe, ponieważ wymaga wniknięcia w mentalność drugiej osoby, poznania jej nawyków, reakcji, prawdziwych intencji i sposobu odczuwania. Jeśli jednak rodzina stanie się dla nas ważnym życiowym drogowskazem, zapewne znajdziemy w sobie wystarczająco dużo determinacji, by sprostać temu wyzwaniu. A jeśli okaże się, że nie potrafimy zrozumieć sposobu myślenia i postępowania swoich najbliższych? No cóż... Może wówczas powinniśmy zweryfikować miejsce tej wartości w naszej hierarchii. Być może dlatego umieściliśmy ją tak wysoko, bo wszyscy wokół powtarzają: „Rodzina jest najważniejsza". Może czas sobie powiedzieć: „Żałuję, ale dla mnie nie". Niektórym ta prawda wyda się szokująca, ale przyjęcie jej umożliwi, co wydaje się paradoksem, dużo lepsze funkcjonowanie rodziny. Być może zaczniemy poświęcać jej znacznie mniej czasu niż do

tej pory, ale będzie on rzeczywiście przeznaczony dla najbliższych. Skończy się traktowanie pobytu w domu jak przymusu i odmierzanie minut do wyjścia.

Prelegent
Jeśli założyliśmy rodzinę, to powinniśmy mieć świadomość, że ona nas potrzebuje. Nas, nie tylko naszych pieniędzy. Rodzina dla większości z nas jest ważna, ale... czy potrafimy czerpać z niej radość?... Nieraz, żeby to zrozumieć wystarczy przez jakiś czas samotnie pozostać w domu. Niekiedy warto sobie wyobrazić, co by było, gdyby ktoś nam tę rodzinę zabrał. Czy sprzedalibyśmy córkę za 10 milionów dolarów?... Absurd? Czy na pewno?... Przecież w niektórych krajach, na przykład w Tajlandii, dzieci traktuje się jak towar lub tanią siłę roboczą i oddaje nawet do domów publicznych. Takie pytania i porównania tylko pozornie są nie na miejscu. Mogą nam coś ważnego uświadomić. Spowodować pewien rodzaj wstrząsu, który zadziała oczyszczająco. Może warto zastanowić się, czy nie zaniedbujemy własnej rodziny?... Czasem wydaje się, że wszystko jest

w porządku, brakuje nam tylko trochę czasu dla dzieci. I to wyłącznie dlatego, że jesteśmy bardzo zajęci zarabianiem pieniędzy na ich utrzymanie. Pamiętajmy jednak, że dzieci potrzebują naszej fizycznej obecności i psychicznego wsparcia bardziej niż kolejnej zabawki.

Gdybyśmy doszli do wniosku, że na takie traktowanie rodziny brakuje nam czasu, to znaczy, że nie pojmujemy znaczenia rodziny jako wartości albo szczęście rodzinne nie jest dla nas rzeczywiście ważne. Jeśli ustalimy nadrzędność jakiejś wartości, kierunek naszych działań powinien być z nią zgodny. Ignorowanie potrzeb dzieci może mieć bardzo negatywne konsekwencje i zaburzyć rozwój ich osobowości. A nie chcemy przecież, żeby w przyszłości stały się własnymi lub czyimiś niewolnikami, nieumiejącymi realnie patrzeć na świat. Zastanów się, jak ważne są dla Ciebie własne dzieci, współmałżonek i reszta rodziny… Czy sądzisz, że naprawdę znasz ich wszystkich?…

Teraz przetestuj siebie. Spróbuj przywołać w myślach kilka cech współmałżonka, rodziców, dzieci i postaraj się je uzasadnić. Jeśli wykonasz to zadanie bez problemu, to znaczy, że cenisz wartość rodziny, że tworzysz ją z kimś, z kim chcesz być. Jeśli jednak po kilku zdaniach wątek się urwie lub zaczną przychodzić Ci do głowy jedynie braki osoby, o której myślisz, to może nadszedł czas, by zrewidować myślenie o tym, kim jesteś i dokąd zmierzasz. Oczywiście nie mówimy tu o związkach toksycznych, w których jedno z partnerów jest hazardzistą czy alkoholikiem.

Rodzina jest prawdziwą wartością nadającą sens życiu każdego człowieka, który umieści ją na szczycie hierarchii wartości. Odkrywcy tej prawdy są zwycięzcami, ludźmi spełnionymi. Takie osoby żyją wśród nas, wystarczy wyostrzyć wzrok, bo często są to ludzie skromni, a przecież godni szczerego podziwu.

Osoby z wyboru samotne nie muszą w tym momencie czuć wyrzutów sumienia. Już wcześniej w naszych rozważaniach doszliśmy do wniosku, że nie każdy ma powołanie do życia w rodzinie. Wielu mnichów, misjonarzy, naukowców, podróżników i ludzi kultury w czym innym dostrzega swoje przeznaczenie. Dobrze jest odkryć je na tyle wcześnie, żeby błędnymi decyzjami nie skrzywdzić innych.

Nasze dobre uczynki mogą tworzyć spiralę życzliwości i współczucia – „błędne koło dobroci". CAROL ANNE TAVRIS, ELLIOT ARONSON

Ważną wartością życiową jest własne szczęście. Pomyślmy, kiedy jesteśmy naprawdę szczęśliwi?... Nie chodzi o krótkie chwile zadowolenia wywołane przez bodźce materialne: pieniądze, zakupy, dobre jedzenie czy świetną wycieczkę. Szczęście odczuwamy wtedy, jeśli odbieramy od innych pozytywne wibracje i czujemy wokół siebie miłość. Warto skupić się na tym, co aktualnie się ma, a nie zadręczać tym, czego brakuje. Czy jest choć jedna osoba na świecie, która zdobyła już wszystko, co jest do zdobycia?... Oczywiście, że nie! To niemożliwe. Zawsze można chcieć więcej, tylko... po co?...

Ciągłe zamartwianie się niedostatkami w różnych dziedzinach powoduje, że życie staje się smutne, a my sami zestresowani i spięci. Gdy potrafimy czerpać radość z otaczającego nas świata, życie nabiera barw, a wszystkie negatywne zjawiska, takie jak zachłanność, zarozumiałość, pycha, kłamstwo, przestają nas dotykać.

Przypomina to oczyszczanie organizmu z toksyn. Myślenie negatywne niekiedy jest tak mocno w nas zakorzenione, że nie zauważamy jego działania. Pomaga nam w tym mózg. Mózg swojemu „właścicielowi" w trosce o jego dobre samopoczucie podsuwa usprawiedliwienia. Aby to sobie uświadomić, warto przeprowadzić uczciwą konfrontację z samym sobą. Pomyślmy, czy nie za często odwołujemy się do tłumaczenia charakterystycznego dla dzieci w szkole: „Tak się stało, bo on…", „Gdyby on nie zaczął, to ja na pewno bym tego nie zrobił…", „Jeśli on przestanie, to ja też…". Nie warto brać przykładu z takich zachowań. Czyjeś niewłaściwe postępowanie budzi złe emocje, a nasza odpowiedź w podobnym tonie te złe emocje podwaja. Na szczęście to działa także w drugą stronę. Nasze przyjazne zachowanie wobec kogoś dwukrotnie wzmocni dobre emocje, dzięki czemu zostaniemy zapamiętani jako ludzie wartościowi i życzliwi.

Do istotnych wartości trzeba dodać zdrowie i dbałość o ciało. Nie zawsze to sobie uświadamiamy. Za naturalne uznajemy, że dysponujemy zmysłami, parą rąk i nóg, włosami, zębami. Na co dzień do głowy nam nie przychodzi, że nie każdy ma szczęście budzić się bez bólu i funkcjonować przez cały dzień bez dolegliwości, które uprzykrzają życie. Świadomość wartości własnego organizmu zwykle wzrasta z wiekiem albo pojawia się w chwilach złego samopoczucia, a utrwala w czasie choroby lub wraz z nadejściem kalectwa.

Pomyślmy na przykład, jakie znaczenie mają dla nas oczy. Czy skłonni bylibyśmy zamienić je na jakieś dobra materialne? Czy wolelibyśmy mieć zamiast nich piękny dom?... Samochód?... Brylanty?... Czy zdajemy sobie sprawę, ile oddałby niewidomy za to, by móc widzieć... jakkolwiek... choćby tylko w czarno-białych barwach?... Na ogół o tym nie myślimy, bo większość z nas nie kontaktowała się z osobą niewidzącą. Może warto stworzyć sobie taką możliwość. Próba poznania, jak odbierają codzienność osoby niewidome to z pewnością niezwykłe doświadczenie. Być może pozwoli nam docenić nie tylko to, że widzimy, lecz także to, że mamy sprawnie działające ciało i umysł. Czy zdajemy sobie sprawę, że sam fakt życia, oddychania, widzenia i słyszenia to już dostateczny powód do ogromnej radości?... Chyba niezbyt często! A jeśli tak, to zazwyczaj nie idzie za tym zmiana trybu życia, która pozwoliłaby utrzymać ciało w doskonałym stanie przez długi czas. Jeszcze zbyt wielu spośród nas trwoni swoje zdrowie, żywiąc się w pośpiechu i byle czym, nie dosypiając lub pobudzając się używkami, które zatruwają organizm.

Narrator
Wiara, dobro, miłość, uczciwość, prawda, wolność – to wartości nadrzędne, którymi warto się kierować. Być może wydadzą Ci się one zbyt idealistyczne, zbyt oderwane od prozy życia. Na co dzień zmagamy się z tyloma problemami: kłopotami finansowymi, brakiem pracy lub stabilizacji materialnej, że pytanie: „Gdzie tu miejsce na wartości duchowe?" nasuwa się samo.

Nie rezygnujmy z pozyskiwania dochodów i nie skazujmy się na życie w ubóstwie, a jedynie spróbujmy ustalić priorytety. Zwróćmy uwagę na osoby kierujące się niematerialnymi wartościami nadrzędnymi. Nie potrzebują rozgłosu i nie dbają o popularność. Ale są wśród nas. Rozejrzyjmy się uważnie dookoła. Tacy ludzie – może Twój sąsiad czy kolega z pracy – potrafią godzić różne sfery życia. Określili swoje wartości nadrzędne poza materią, więc nie muszą mieć wszystkiego natychmiast. Wiedzą, że warto znaleźć czas na rodzinę, wychowanie dzieci, budowanie trwałych relacji ze współmałżonkiem. Mają świadomość, jak ważne jest, by pomagać, dawać i kochać, dlatego określając życiowe cele, nie zapominają o budowaniu pozytywnych relacji z ludźmi.

Docenianie swego życia, odnajdywanie w nim tego, co najlepsze, kierowanie się duchowymi wartościami nadrzędnymi charakteryzuje ludzi o ukształtowanym systemie wartości. Wyrobienie nawyku takiego myślenia jest niezwykle ważne dla wewnętrznej harmonii i poprawy jakości życia.

Prelegent
Czas na przybliżenie postaci, która kierując się własnym systemem wartości, nie tylko sama odnalazła sens życia, lecz swoją postawą potrafiła także zainspirować innych. To Helen Keller. Wspominaliśmy już o niej w wykładzie na temat poznawania siebie. Jest przykładem osoby, w której postępowaniu nadzwyczaj wyraźnie widać rolę wartości nadrzędnych. Ta od

dziecka niewidoma i niesłysząca kobieta mimo poważnej niepełnosprawności w pełni koncentrowała się na odkrywaniu radosnych stron życia. Świadomie zdecydowała, że poświęci się pisaniu i dawaniu nadziei innym. Swoją odważną i pozytywną postawą wzbudziła ogromne zainteresowanie. Zapraszano ją do różnych krajów, by opowiadała, jak można rozwiązywać problemy i kształtować pozytywne nastawienie do życia. Napisała wiele książek, ale największą popularność zdobyła jej autobiografia *The Story of My Life*, wydana w Polsce pod tytułem *Historia mego życia*. Niezwykła opowieść stała się inspiracją sztuki Williama Gibsona, który otrzymał za jej adaptację Nagrodę Pulitzera. Na podstawie autobiografii Helen Keller nakręcono także film. Ta niezwykła kobieta stała się autorytetem dla wielu pokoleń ludzi poszukujących w życiu głębszego sensu, radości i szczęścia.

Ustalenie wartości nadrzędnych to istotny krok dla każdego człowieka. W ich poszukiwaniu warto wzorować się na osobach takich jak Helen Keller. Kiedy rozpoznasz swoje wartości i wskażesz, które z nich są dla Ciebie najważniejsze, znacznie łatwiej będzie Ci korzystać z wolności wyboru i podejmować trafne życiowe decyzje. Zyskasz pewność działania na każdym polu, które wybierzesz, o ile będziesz kierował się realizmem. Nawet jeśli pojawią się wątpliwości, poradzisz sobie z nimi, bo będziesz miał się na czym oprzeć.

> Życie można przeżyć na dwa sposoby: albo tak, jakby nic nie było cudem, albo tak, jakby cudem było wszystko. ALBERT EINSTEIN

Zazwyczaj ludzie zastanawiają się nad własną hierarchią wartości dopiero wtedy, gdy przeżyją kryzys lub poniosą porażkę. Czy warto na to czekać?... Czy nie lepiej świadomie podjąć trud i zajrzeć w głąb siebie?... Zatem jeszcze dzisiaj zrób przerwę w codziennej gonitwie i wyznacz termin spotkania z samym sobą. Niech to spotkanie posłuży Ci do uczciwej odpowiedzi na konkretne pytania: „Dokąd zmierzam?", „Co się dla mnie liczy?", „Co jest dla mnie ważne?".

Taka szczera rozmowa spowoduje, że Twoja podświadomość uaktywni cechy wymienione wcześniej: odwagę, wytrwałość, wnikliwość, determinację, zapał i entuzjazm, optymizm, wiarę we własne możliwości, dyscyplinę wewnętrzną, pokorę, panowanie nad sobą, cierpliwość i łagodność. Cechy te dadzą Ci siłę do realizacji zamierzeń. Pozytywne informacje zaprogramują podświadomość, tak aby Twoje polecenia potraktowała jak rozkaz. Pamiętaj jednak, że mechanizm ten zadziała, gdy decyzja o pójściu w wybranym kierunku będzie przemyślana i świadoma, a do tego szczera. Następnie trzeba będzie przyporządkować jej każde działanie. Dopiero wówczas zmieni się Twoje życie. A dokładniej… dopiero wówczas zmienisz swoje życie, bo tylko Ty możesz tego dokonać.

Zmiany wywołane prawidłowym ustawieniem systemu wartości są powolne. Czasem trzeba miesięcy, a nawet lat, żeby różnica stała się widoczna. Nie przeoczysz tego. Najszybciej uwidacznia się chęć działania, która zastępuje przymus wykonywania różnych czynności. Jeśli stwierdzisz, że Twoją wartością nadrzędną jest rodzina, zaczniesz cenić czas spędzany z najbliższymi. Zauważysz, że chętnie wracasz do domu, lubisz wspólne wieczory i wyjazdy. Mało tego, poczujesz szczęście, ilekroć ktoś z bliskich poprosi Cię o pomoc. Czy to jest jakiś cud?… Absolutnie nie!

To nie oni stali się nagle bardziej interesujący, ciepli i mili. To w Tobie nastąpiła zmiana! Ich zachowanie jest reakcją na nowego Ciebie.

W tej chwili możesz zapytać: „Co mam zrobić, jeśli nie potrafię określić jednej wartości nadrzędnej?", „Jak mam wybrać między zdrowiem a rodziną?... rodziną a Bogiem?... rodziną a pracą?... wartościami związanymi z sobą samym a wartościami ważnymi społecznie?...". Może się zdarzyć, że wybrane wartości nadrzędne będą ze sobą sprzeczne, dlatego istotne jest wskazanie jednej z nich. Będzie to dla nas numer jeden, któremu podporządkujemy wszystkie inne. Jeśli ktoś postawi na pierwszym miejscu pracę na równi z rodziną, prawdopodobnie poniesie porażkę. Wartość pierwszego rzędu powinna umożliwić realizację pozostałych. Jeśli odnajdziesz swoją nadwartość, zalśni wśród innych jak perła. Nie zawsze jednak będzie potrzebowała ciągłego działania. Załóżmy, że największą wartością jest dla Ciebie Bóg. Czy dbanie o rodzinę lub troska o własne szczęście stoi w sprzeczności z kierunkiem, jaki nakreśla Stwórca?... Na pewno nie! Twój stosunek do Boga wyraża się przez sposób traktowania rodziny, siebie, innych ludzi. Nie musisz podejmować osobnych działań. Każde Twoje postępowanie nasycone dobrem i życzliwością będzie krokiem we właściwym kierunku.

Wartości dają się porównać do dzieci. Możemy mieć ich kilkoro i jednakowo je kochać, ale najwięcej czasu poświęcimy temu, które akurat wymaga szczególnej troski. Jeśli więc masz więcej niż jedną wartość nadrzędną, przyglądaj się stale, o którą w danej chwili najbardziej trzeba zadbać. Wyrównuj kierunek swojej drogi, żeby był zgodny ze wszystkimi wartościami nadrzędnymi. Zrób, co w twojej mocy, aby się z sobą nie konfrontowały, lecz dopełniały.

Narrator
Podsumujmy nasze rozważania. Wartości w pewien sposób są niezmienne, jednak autonomiczne systemy, jakie każdy z nas z nich tworzy, różnią się od siebie. Systemy te mają budowę hierarchiczną. Wierzchołek hierarchii zajmują wartości nadrzędne, wśród których najważniejsza jest nadwartość. Odpowiada ona za chęć działania i entuzjazm. Dla niej jesteśmy gotowi do poświęceń. Najczęściej wybieramy ją spośród

takich wartości, jak: wiara, rodzina, miłość, ojczyzna, praca, zdrowie, uczciwość.

Wartości nadrzędne nadają sens życiu każdego człowieka. Wyznaczają kierunek naszych dążeń. Poprzez działanie podświadomości rozwijają pozytywne cechy sprzyjające realizacji wszelkich zamierzeń i pomagają utrzymać udane relacje z ludźmi. Kiedy to zrozumiemy, zaczniemy doceniać wszystko, co mamy. Nauczymy się odróżniać autentyczne potrzeby od powierzchownych przyjemności. To dobra droga do osiągnięcia głębokiej satysfakcji i trwałego zadowolenia z życia.

Zdefiniujmy więc własną hierarchię wartości, ustalmy wartości nadrzędne i rozpoznajmy nadwartość. Warto już od dziś korzystać z tej skutecznej recepty na życie w harmonii ze sobą i otaczającym światem.

Część utrwalająca

Porady
1. Korzystaj z ludzkiego przywileju kierowania się w życiu wartościami.
2. Opieraj się na uznanych autorytetach moralnych.
3. Określ, jak wygląda Twój system wartości i zastanów się, co jest Twoją wartością nadrzędną.
4. W określaniu własnego systemu wartości bądź szczery.
5. Pamiętaj, że wartości etycznych, w przeciwieństwie do materialnych, nigdy nie stracisz.
6. Pilnuj, by cele, które sobie wytyczysz, nie były destrukcyjne.
7. Rozwijaj cechy pozytywne, m.in. wnikliwość, wytrwałość, odwagę, determinację, zapał i entuzjazm, optymizm, wiarę we własne możliwości, dyscyplinę wewnętrzną, pokorę, panowanie nad sobą, cierpliwość, altruizm, empatię oraz łagodność.
8. Nie pozwól, by zapanowały nad Tobą wartości materialne.

9. Trwaj przy zasadach, jakie wyznaczają Ci wartości. Nie odstępuj od nich nawet na chwilę, bo precedensy łatwo przechodzą w nawyki.

Quiz

Znalezienie odpowiedzi na pytania dotyczące wykładu pomoże Ci zapamiętać i utrwalić zawarte w nim treści. Postaraj się odpowiadać samodzielnie, jeśli jednak jednak okaże się, że na któreś z pytań nie znasz odpowiedzi, zajrzyj do tekstu wykładu lub przesłuchaj go jeszcze raz. Odszukasz tam potrzebne informacje. W pytaniach otwartych posłuż się swoją wiedzą i doświadczeniem. Klucz z odpowiedziami znajdziesz na s. 104.

1. **Wartości były tematem rozważań filozoficznych od czasów antycznych. Kiedy powstała osobna nauka o wartościach, aksjologia?**
   a) w starożytności
   b) na przełomie XVI i XVII wieku
   c) na przełomie XVIII i XIX wieku
   d) na przełomie XIX i XX wieku

2. **Sokrates za najwyższą wartość uważał arete, cnotę. Jak rozumiał to pojęcie?**
   a) jako komplet zalet
   b) jako szlachetne zachowanie wobec innych
   c) jako dążenie do doskonalenia cechy najistotniejszej dla danego stanu
   d) jako dbałość o dobro innych

3. **Rozważając dobro, myśliciele starożytni rozmyślali też nad jego przeciwieństwem – złem. Co jest źródłem wszelkiego zła, zdaniem Sokratesa?**
   a) ludzkie wady
   b) niewiedza
   c) pobłażanie sobie
   d) brak empatii

4. **Kto uważał, że szczęście jest równoznaczne chwilowej przyjemności?**
   a) stoicy
   b hedoniści
   c) cynicy
   d) chrześcijanie

5. Połącz linią nazwisko myśliciela z hasłem, które się z nim kojarzy.

A) Platon	a) *arete*
B) Arystyp	b) przyjemność
C) Seneka	c) dobro
D) Sokrates	d) spokój ducha

6. Połącz linią nazwę teorii istnienia wartości z jej znaczeniem.

A) teoria obiektywistyczna	a) każdy sam decyduje, co uzna za ważne, mądre lub piękne
B) teoria subiektywistyczna	b) wartości są niezmienne, jednak różne są zbudowane z nich przez każdego z nas systemy wartości
C) teoria obiektywistyczno-subiektywistyczna	c) wartości są ponadczasowe i od nas niezależne

7. **Każdy system ma określoną budowę. Jak zbudowany jest system wartości?**
   a) przypomina worek, w którym wartości są ułożone w dowolnym porządku
   b) to system liniowy – wszystkie wartości są jednakowo ważne
   c) to system hierarchiczny – jednej (najważniejszej) wartości podporządkowane są pozostałe
   d) to system płynny – każdego dnia wartość nadrzędna może być inna

8. **Wielu z nas kieruje swoim postępowaniem, wzorując się na kimś. Co cechuje osobę, którą możemy nazwać wzorcem moralnym?**
   a) szczególny talent w jakiejś dziedzinie sztuki lub wiedzy
   b) bardzo dobra znajomość zasad i norm moralnych
   c) niezmienność przekonań i kierowanie się tą samą nadwartością przez całe dojrzałe życie
   d) ogromna wiedza o życiu

9. **Co to jest autonomiczny system wartości?**
   a) system wartości pojedynczego człowieka
   b) system wartości charakteryzujący określoną grupę społeczną
   c) system wartości odziedziczony po przodkach
   d) system wartości niezależny od wychowania

10. **Co to jest socjalizacja?**
    a) wychowanie w szkole i innych instytucjach do tego powołanych
    b) przekazywanie systemu wartości i norm kulturowych przez kontakty z innymi ludźmi
    c) nauka o społeczeństwie
    d) nauka o normach moralnych

11. **Kto jest autorem książki *The Story of My Life*, która ukazała się w Polsce pod tytułem *Historia mego życia*?**
    a) Anne Sullivan
    b) William Gibson
    c) Helen Keller
    d) Mary Kay Ash

Ćwiczenie 1

Sokrates za wartość najwyższą uważał arete, czyli cnotę. Rozumiał ją jako doskonalenie cechy najważniejszej dla stanu, do którego należy dany człowiek. Uznawał na przykład, że dla żołnierza jest to dzielność. Spróbuj zastanowić się, która z cech byłaby najważniejsza dla ludzi wypełniających podane role. Dopisz dwie własne propozycje.

1. rodzic ....

2. nauczyciel ....

3. lekarz ....

4. sprzedawca ....

5. architekt ....

6. sąsiad ....

7. ....

8. ....

Zastanów się na tej podstawie, czy człowiekowi wystarczy doskonalenie jednej cechy. Zapisz swoje przemyślenia.

Ćwiczenie 2

Mówi się, że Dekalog to najbardziej lapidarny zbiór przepisów moralnych. Bez względu na to, jaki jest Twój stosunek do wiary, przypomnij sobie jego treść (napisz z pamięci lub przepisz ze źródeł). Przemyśl, które przykazania powinny być przestrzegane w każdym społeczeństwie.

1. ....

....

2. ....

....

3. ....

....

4. ....

....

....

5. . . . .

. . . .

6. . . . .

. . . .

7. . . . .

. . . .

8. . . . .

. . . .

9. . . . .

. . . .

10. . . . .

. . . .

. . . .

Ćwiczenie 3

W treści wykładu zostały wymienione przykładowe wartości, najczęściej wskazywane przez ludzi jako ważne w życiu. Wybierz 10 spośród nich i wpisz intuicyjnie w dowolnie wybrane miejsca w narysowanym polu.

Zastanów się teraz nad motywacją wyboru miejsca dla każdego wpisu. Był przypadkowy czy celowy? Zapisz swoje refleksje.

....

....

....

....

....

....

....

....

....

....

....

Ćwiczenie 4

Wartości, które wypisałeś na poprzedniej stronie, ułóż świadomie według ważności (zrób to z dużą uwagą i szczerze). Następnie porównaj wynik z rysunkiem z poprzedniej strony. Czy w centrum rysunku i na pierwszym miejscu tej listy jest ta sama cecha? Jeśli tak, to oznacza, że znasz siebie dobrze i dokładnie wiesz, co jest dla Ciebie ważne. Jeśli nie, powinieneś jeszcze trochę czasu poświęcić na ustalenie swojej hierarchii wartości.

1. ....
   ....

2. ....
   ....

3. ....
   ....

4. . . . .

. . . .

5. . . . .

. . . .

6. . . . .

. . . .

7. . . . .

. . . .

8. . . . .

. . . .

9. . . . .

. . . .

10. . . . .

Ćwiczenie 5

Jeśli zastanawiamy się nad dobrami materialnymi, to najczęściej chcielibyśmy mieć wszystko, czego nam brakuje: dom, samochód, pieniądze na bliższe i dalsze podróże, zabezpieczenie na przyszłość, markowe ubrania lub inne rzeczy. Zastanów się i wypisz to, co jest dla Ciebie ważniejsze od pieniędzy. Potem przeanalizuj tę listę i pomyśl, czy poświęcasz tym wartościom wystarczająco dużo czasu i starań.

Ćwiczenie 6

Często zdarza się tak, że mało wiemy o osobach najbliższych. Rozmawiamy z nimi o wielu rzeczach, ale nie o sprawach najważniejszych. Czy zdajesz sobie sprawę na przykład, co jest dla Twojej rodziny i przyjaciół ważne i najważniejsze. Spróbuj sobie to uświadomić. Wybierz kilka bliskich Ci osób i wypisz po trzy wartości, którymi Twoim zdaniem się kierują. Następnie porozmawiaj z nimi, by się dowiedzieć, które wartości sami wymienią. Gdyby sprawiało im to trudność, pokaż im przykładową listę wartości. Porównaj odpowiedzi.

Osoba

....

Jej wartości nadrzędne wg Ciebie	wg osoby, której dotyczą
....	....
....	....

Osoba . . . .

Jej wartości nadrzędne wg Ciebie	wg osoby, której dotyczą
. . . .	. . . .
. . . .	. . . .

Osoba . . . .

Jej wartości nadrzędne wg Ciebie	wg osoby, której dotyczą
. . . .	. . . .
. . . .	. . . .

Przemyślenia

Poniżej są zamieszczone fragmenty wykładu, które mogą stanowić materiał do osobistych przemyśleń. Pod każdym znajdziesz krótkie zaproszenie do dyskusji i miejsce na komentarz. Unikaj ogólników. Staraj się, by Twoja wypowiedź była jak najbardziej konkretna i konstruktywna.

Inspiracja 1

Każdy człowiek ma indywidualny i autonomiczny system wartości z kanonem wartości nadrzędnych i nadwartością. Na system wartości składają się normy i oceny moralne oraz wzorce osobowe. Normy moralne to zasady, jakimi się kierujemy w życiu, najczęściej sformułowane w formie nakazów lub zakazów. Złamanie takiej normy pociąga za sobą konsekwencje: wyrzuty sumienia lub dezaprobatę środowiska.

Konsekwencje wynikające ze złamania norm moralnych niekiedy są ewidentne. Określa i precyzuje je kodeks karny. Wiele z nich jednak wywołuje „tylko" dezaprobatę środowiska (rodziców, nauczycieli, sąsiadów itp.) lub/oraz wyrzuty sumienia. Czy myślisz, że tylko negatywne konsekwencje powstrzymują nas, ludzi, od łamania norm moralnych? Czy gdyby wszystko było dopuszczalne, potrafilibyśmy powstrzymywać się od czynienia zła? Czy człowiek z gruntu rzeczy jest zły, czy dobry? Może zło, jak twierdził Sokrates, wynika tylko z niewiedzy?

Inspiracja 2

Wskazane jest, by system wartości uzupełnić o wzorce moralne, czyli autorytety. Znajdziemy je we wszystkich kulturach. Dla jednych takim wzorcem będzie Dalajlama lub Gandhi, dla innych Leonardo da Vinci czy któryś z wielkich myślicieli, pisarzy lub polityków. Ideałem osobowym może być też własny rodzic, nauczyciel lub ktoś z bliskiego otoczenia, nieznany szerszemu gronu.

Znalezienie autorytetu nie jest prostą sprawą. Niewielu ludzi potrafi być wiernym zasadom przez całe życie, bez wyjątku. Większość z nas tylko dąży do doskonałości. Czy więc prawdziwych autorytetów w ogóle nie ma? Czy jeśli kogoś uznamy za autorytet, a okaże się, że w którymś momencie postąpił wbrew swoim wartościom, to powinniśmy przestać go cenić mimo wszelkich jego zasług? Czy może, jeśli wrócił na drogę zasad i do pierwotnych wartości, powinniśmy szanować go jeszcze bardziej?

Inspiracja 3

W określaniu własnego systemu wartości czai się pewne niebezpieczeństwo. Bardzo łatwo ulec społecznej presji. Na przykład Bóg, honor, ojczyzna to niezwykle piękne wartości, ale czy na pewno nasze?... Może w rzeczywistości uważamy je tylko za górnolotne hasła na sztandarze, niewywołujące żadnych emocji, niekojarzące się z niczym poza obowiązkowymi uroczystościami „ku czci"?...

Ustalenie własnej hierarchii wartości jest rzeczą trudną. Często sami nie wiemy, które wartości są naprawdę nasze, a które respektujemy, bo wymaga tego rodzina, szkoła czy szerzej rozumiane środowisko. Wróć do ćwiczenia, w którym ustalałeś hierarchię wartości. Spróbuj pomyśleć, czy rzeczywiście są to Twoje wartości. Zastanów się, czy potrafiłbyś stanąć w ich obronie? Czy potrafiłbyś trzymać się ich, gdyby wymagało to rezygnacji z dóbr materialnych?

. . . .

. . . .

Inspiracja 4

Jeśli nasz system wartości jest dobrze ustawiony, podświadomość pomoże nam realizować wytyczone cele. Odkryjemy w sobie cechy, które staną się naszymi asystentami i będą w każdej chwili na nasze usługi, niczym dżin z lampy Aladyna, który pojawia się na wezwanie, gotowy spełnić każde marzenie swego pana. Dzięki tej potężnej sile będziemy w stanie pokonać wszystkie trudności.

„Podświadomie czułem...", „podświadomie zdawałem sobie sprawę..." – niemal każdemu z nas od czasu do czasu wyrywa się tego typu stwierdzenie. Niekiedy mamy wrażenie, że coś nam podpowiada, jak mamy postąpić lub się zachować. Podświadomość to rzeczywiście potężna siła. Może nam pomagać lub nas niszczyć. Czy karmisz ją dobrymi słowami, pozytywnymi myślami i zlecasz jej realizację konstruktywnych celów? A może wręcz przeciwnie, narzekaniem i brakiem chęci do zmiany skłaniasz ją do działania przeciwko sobie?

. . . .

Inspiracja 5

W procesie nabywania wartości ogromną rolę odgrywa środowisko społeczne: rodzina bliższa i dalsza, szkoła, ludzie spoza tych kręgów. Rodzina i szkoła są powołane do tego, żeby uczyć nas odpowiednich zachowań. Takie świadome oddziaływanie na człowieka nazywa się wychowaniem. Innym sposobem oddziaływania jest socjalizacja. Ten proces przebiega nieświadomie. W kontaktach z innymi obserwujemy różnorodne postawy, które albo przejmujemy, albo negujemy.

Czy zastanawiałeś się kiedykolwiek, które spośród Twoich wartości zawdzięczasz swojemu środowisku? Rodzinie, szkole albo osobom, z którymi stykasz się może rzadziej, a jednak systematycznie? Czy potrafisz je wskazać? Co bardziej na Ciebie oddziaływało: przykłady zachowań czy rozmowy o wartościach? Czy w dzisiejszych czasach środowisko wpływa bardziej czy mniej na system wartości człowieka niż na przykład 50 lat temu? Dlaczego tak się dzieje?

. . . .

Inspiracja 6

Pieniądze, które zgodnie ze słowami Biblii powinny być naszym sługą, stają się naszym panem. To my, żeby utrzymać wszystko, co zakupiliśmy, musimy zarabiać, coraz więcej i więcej. Przestajemy czerpać przyjemność z takiej przymusowej pracy, stajemy się jej niewolnikami. Czujemy się ciągle zmęczeni, a osiągnięte bogactwo pogania nas i krzyczy: jeszcze, jeszcze! Wreszcie mamy dość, ale nie umiemy powiedzieć: „Stop!".

Przeczytaj uważnie te słowa i zastanów się, jakie odczucia w Tobie budzą. Zgadzasz się z nimi, czy uważasz, że są przesadą? Czy mogą być zrozumiane przez tych, którzy pieniędzy nie mają w nadmiarze? Czy myślisz, że rzeczywiście tak trudno powiedzieć „stop", jeśli zarobiło się wystarczająco dużo pieniędzy, by zapewnić godziwy byt sobie i swojej rodzinie? Dlaczego tak wielu ludzi bardziej troszczy się o bogactwo materialne niż o bogactwo duszy?

. . . .

Rozwiązanie quizu ze s. 75
1. d – na przełomie XIX i XX wieku
2. c – jako dążenie do doskonalenia cechy najistotniejszej dla danego stanu
3. b – niewiedza
4. b – hedonisci
5. A – c, B – b, C – d, D – a
6. A – c, B – a, C – b
7. c – to system hierarchiczny – jednej (najważniejszej) wartości podporządkowane są pozostałe
8. c – niezmienność przekonań i kierowanie się tą samą nadwartością przez całe dojrzałe życie
9. a – system wartości pojedynczego człowieka
10. b – przekazywanie systemu wartości i norm kulturowych przez kontakty z innymi ludźmi
11. c – Helen Keller

Notatki

Notatki

Notatki

Słowniczek

aksjologia
Nauka o wartościach.

arete
Najwyższa wartość według Sokratesa. Oznaczała doskonalenie cechy najważniejszej dla określonego stanu, np. męstwa – dla wojownika, pracowitości i wiernej służby – dla niewolnika.

autorytet (wzór osobowy)
Człowiek o dużej wiedzy i przestrzegający norm moralnych. Należy słuchać jedynie rad uznanych autorytetów.

dialog wewnętrzny
Rozmowa z samym sobą, kluczowe narzędzie pracy nad samorozwojem. Narzędzie, które może być wykorzystane m.in. w rozpoznawaniu systemu wartości.

dobro
Najwyższa wartość według Platona. Uważał, że każda dusza ludzka dąży do niego.

fundament życia
Wartości nadrzędne, które pełnią rolę stalowej konstrukcji wysokiej jakości. Człowiek powinien je najpierw określić, a potem niezmiennie się nimi kierować w życiu.

hedonizm
Teoria filozoficzna, zgodnie z którą szczęście to doznawanie przyjemności.

obiektywizm
Teoria, która głosi, że wartości są od nas niezależne i niezmienne.

osobowość
Zbiór cech, które decydują o tym, jak myślimy, jak odczuwamy, jak traktujemy siebie i innych, jak oceniamy wszystko, z czym zetkniemy się w ciągu naszego życia.

podświadomość
Część psychiki, której istnienia człowiek często nie dostrzega. Jest odpowiedzialna za większość zdarzeń w naszym życiu.

relatywizm
Teoria głosząca, że wartości są w pewien sposób niezmienne, ale zbudowany z nich system zależy od wielu czynników zewnętrznych (np. środowiska, tradycji, religii, wykształcenia, mody, szerokości geograficznej).

socjalizacja
Nieświadome uczenie się zachowań na podstawie kontaktów z innymi ludźmi.

subiektywizm
Teoria, która głosi, że każdy człowiek sam decyduje, co jest wartością.

system wartości
Uporządkowany koncentrycznie zbiór wartości z nadwartością usytuowaną w jego centrum, wyznaczający kierunek dążeń człowieka.

uważność
Skupianie się na każdej czynności, którą w danym momencie wykonujemy, czy jest to budowanie prototypu nowego samochodu, czy tylko jego mycie.

wartość
Kierunek postępowania prowadzący do wydobycia z własnej egzystencji satysfakcji osobistej i społecznej.

wartość nadrzędna
Wartość usytuowana w najwyższym miejscu hierarchii wartości. Może być ich kilka. Najważniejszą z nich nazywamy nadwartością.

wychowanie
Świadome oddziaływanie na człowieka w celu uczenia go odpowiednich zachowań.

Źródła i inspiracje

Albright M., Carr C., *Największe błędy menedżerów*, Warszawa 1997.

Allen B.D., Allen W.D., *Formuła 2+2. Skuteczny coaching*, Warszawa 2006.

Anderson Ch., *Za darmo: przyszłość najbardziej radykalnej z cen*, Kraków 2011.

Anthony R., *Pełna wiara w siebie*, Warszawa 2005.

Ariely D., *Zalety irracjonalności. Korzyści z postępowania wbrew logice w domu i pracy*, Wrocław 2010.

Bates W.H., *Naturalne leczenie wzroku bez okularów*, Katowice 2011.

Bettger F., *Jak umiejętnie sprzedawać i zwielokrotnić dochody*, Warszawa 1995.

Blanchard K., Johnson S., *Jednominutowy menedżer*, Konstancin-Jeziorna 1995.

Blanchard K., O'Connor M., *Zarządzanie poprzez wartości*, Warszawa 1998.

Bogacka A.W., *Zdrowie na talerzu*, Białystok 2008.

Bollier D., *Mierzyć wyżej. Historie 25 firm, które osiągnęły sukces, łącząc skuteczne zarządzanie z realizacją misji społecznych*, Warszawa 1999.

Bond W.J., *199 sytuacji, w których tracimy czas, i jak ich uniknąć*, Gdańsk 1995.

Bono E. de, *Dziecko w szkole kreatywnego myślenia*, Gliwice 2010.

Bono E. de, *Sześć kapeluszy myślowych*, Gliwice 2007.

Bono E. de, *Sześć ram myślowych*, Gliwice 2009.

Bono E. de, *Wodna logika. Wypłyń na szerokie wody kreatywności*, Gliwice 2011.

Bossidy L., Charan R., *Realizacja. Zasady wprowadzania planów w życie*, Warszawa 2003.

Branden N., *Sześć filarów poczucia własnej wartości*, Łódź 2010.

Branson R., *Zaryzykuj – zrób to! Lekcje życia*, Warszawa-Wesoła 2012.

Brothers J., Eagan E, *Pamięć doskonała w 10 dni*, Warszawa 2000.

Buckingham M., *To jedno, co powinieneś wiedzieć… o świetnym zarządzaniu, wybitnym przywództwie i trwałym sukcesie osobistym*, Warszawa 2006.

Buckingham M., *Wykorzystaj swoje silne strony. Użyj dźwigni swojego talentu*, Warszawa 2010.

Buckingham M., Clifton D.O., *Teraz odkryj swoje silne strony*, Warszawa 2003.

Butler E., Pirie M., *Jak podwyższyć swój iloraz inteligencji?*, Gdańsk 1995.

Buzan T., *Mapy myśli*, Łódź 2008.

Buzan T., *Pamięć na zawołanie*, Łódź 1999.

Buzan T., *Podręcznik szybkiego czytania*, Łódź 2003.

Buzan T., *Potęga umysłu. Jak zyskać sprawność fizyczną i umysłową: związek umysłu i ciała*, Warszawa 2003.

Buzan T., Dottino T., Israel R., *Zwykli ludzie – liderzy. Jak maksymalnie wykorzystać kreatywność pracowników*, Warszawa 2008.

Carnegie D., *I ty możesz być liderem*, Warszawa 1995.

Carnegie D., *Jak przestać się martwić i zacząć żyć*, Warszawa 2011.

Carnegie D., *Jak zdobyć przyjaciół i zjednać sobie ludzi*, Warszawa 2011.

Carnegie D., *Po szczeblach słowa. Jak stać się doskonałym mówcą i rozmówcą*, Warszawa 2009.

Carnegie D., Crom M., Crom J.O., *Szkoła biznesu. O pozyskiwaniu klientów na zawsze*, Warszawa 2003.

Cialdini R., *Wywieranie wpływu na ludzi*, Gdańsk 1998.

Clegg B., *Przyspieszony kurs rozwoju osobistego*, Warszawa 2002.

Cofer C.N., Appley M.H., *Motywacja: teoria i badania*, Warszawa 1972.

Cohen H., *Wszystko możesz wynegocjować. Jak osiągnąć to, co chcesz*, Warszawa 1997.

Covey S.R., *3. rozwiązanie*, Poznań 2012.

Covey S.R., *7 nawyków skutecznego działania*, Poznań 2007.

Covey S.R., *8. nawyk*, Poznań 2006.

Covey S.R., Merrill A.R., Merrill R.R., *Najpierw rzeczy najważniejsze*, Warszawa 2007.

Craig M., *50 najlepszych (i najgorszych) interesów w historii biznesu*, Warszawa 2002.

Csikszentmihalyi M., *Przepływ: psychologia optymalnego doświadczenia*, Wrocław 2005.

Davis R.C., Lindsmith B., *Ludzie renesansu: umysły, które ukształtowały erę nowożytną*, Poznań 2012.

Davis R.D., Braun E.M., *Dar dysleksji. Dlaczego niektórzy zdolni ludzie nie umieją czytać i jak mogą się nauczyć*, Poznań 2001.

Dearlove D., *Biznes w stylu Richarda Bransona. 10 tajemnic twórcy megamarki*, Gdańsk 2009.

DeVos D., *Podstawy wolności. Wartości decydujące o sukcesie jednostek i społeczeństw*, Konstancin-Jeziorna 1998.

DeVos R.M., Conn Ch.P., *Uwierz! Credo człowieka czynu, współzałożyciela Amway Corporation, hołdującego zasadom, które uczyniły Amerykę wielką*, Warszawa 1994.

Dixit A.K., Nalebuff B.J., *Myślenie strategiczne. Jak zapewnić sobie przewagę w biznesie, polityce i życiu prywatnym*, Gliwice 2009.

Dixit A.K., Nalebuff B.J., *Sztuka strategii. Teoria gier w biznesie i życiu prywatnym*, Warszawa 2009.

Dobson J., *Jak budować poczucie wartości w swoim dziecku*, Lublin 1993.

Doskonalenie strategii (seria Harvard Bussines Review), praca zbiorowa, Gliwice 2006.

Dryden G., Vos J., *Rewolucja w uczeniu*, Poznań 2000.

Dyer W.W., *Kieruj swoim życiem*, Warszawa 2012.

Dyer W.W., Pokochaj siebie, Warszawa 2008.
Edelman R.C., Hiltabiddle T.R., Manz Ch.C., Syndrom miłego człowieka, Gliwice 2010.
Eichelberger W., Forthomme P., Nail F., Quest. Twoja droga do sukcesu. Nie ma prostych recept na sukces, ale są recepty skuteczne, Warszawa 2008.
Enkelmann N.B., Biznes i motywacja, Łódź 1997.
Eysenck H. i M., Podpatrywanie umysłu. Dlaczego ludzie zachowują się tak, jak się zachowują?, Gdańsk 1996.
Ferriss T., 4-godzinny tydzień pracy. Nie bądź płatnym niewolnikiem od 7.00 do 17.00, Warszawa 2009.
Flexner J.T., Waschington. Człowiek niezastąpiony, Warszawa 1990.
Forward S., Frazier D., Szantaż emocjonalny: jak obronić się przed manipulacją i wykorzystaniem, Gdańsk 2011.
Frankl V.E., Człowiek w poszukiwaniu sensu, Warszawa 2009.
Fraser J.F., Jak Ameryka pracuje, Przemyśl 1910.
Freud Z., Wstęp do psychoanalizy, Warszawa 1994.

Fromm E., Mieć czy być, Poznań 2009.

Fromm E., Niech się stanie człowiek. Z psychologii etyki, Warszawa 2005.

Fromm E., O sztuce miłości, Poznań 2002.

Fromm E., O sztuce słuchania. Terapeutyczne aspekty psychoanalizy, Warszawa 2002.

Fromm E., Serce człowieka. Jego niezwykła zdolność do dobra i zła, Warszawa 2000.

Fromm E., Ucieczka od wolności, Warszawa 2001.

Fromm E., Zerwać okowy iluzji, Poznań 2000.

Galloway D., Sztuka samodyscypliny, Warszawa 1997.

Gardner H., Inteligencje wielorakie – teoria w praktyce, Poznań 2002.

Gawande A., Potęga checklisty: jak opanować chaos i zyskać swobodę w działaniu, Kraków 2012.

Gelb M.J., Leonardo da Vinci odkodowany, Poznań 2005.

Gelb M.J., Miller Caldicott S., Myśleć jak Edison, Poznań 2010.

Gelb M.J., Myśleć jak geniusz, Poznań 2004.

Gelb M.J., Myśleć jak Leonardo da Vinci, Poznań 2001.

Giblin L., Umiejętność postępowania z innymi..., Kraków 1993.

Girard J., Casemore R., Pokonać drogę na szczyt, Warszawa 1996.

Glass L., Toksyczni ludzie, Poznań 1998.

Godlewska M., Jak pokonałam raka, Białystok 2011.

Godwin M., Kim jestem? 101 dróg do odkrycia siebie, Warszawa 2001.

Goleman D., Inteligencja emocjonalna, Poznań 2002.

Gordon T., Wychowywanie bez porażek szefów, liderów, przywódców, Warszawa 1996.

Gorman T., Droga do skutecznych działań. Motywacja, Gliwice 2009.

Gorman T., Droga do wzrostu zysków. Innowacja, Gliwice 2009.

Greenberg H., Sweeney P., Jak odnieść sukces i rozwinąć swój potencjał, Warszawa 2007.

Habeler P., Steinbach K., Celem jest szczyt, Warszawa 2011.

Hamel G., Prahalad C.K., Przewaga konkurencyjna jutra, Warszawa 1999.

Hamlin S., Jak mówić, żeby nas słuchali, Poznań 2008.

Hill N., Klucze do sukcesu, Warszawa 1998.
Hill N., Magiczna drabina do sukcesu, Warszawa 2007.
Hill N., Myśl!… i bogać się. Podręcznik człowieka interesu, Warszawa 2012.
Hill N., Początek wielkiej kariery, Gliwice 2009.
Ingram D.B., Parks J.A., Etyka dla żółtodziobów, czyli wszystko, co powinieneś wiedzieć o…, Poznań 2003.
Jagiełło J., Zuziak W. [red.], Człowiek wobec wartości, Kraków 2006.
James W., Pragmatyzm, Warszawa 2009.
Jamruszkiewicz J., Kurs szybkiego czytania, Chorzów 2002.
Johnson S., Tak czy nie. Jak podejmować dobre decyzje, Konstancin-Jeziorna 1995.
Jones Ch., Życie jest fascynujące, Konstancin-Jeziorna 1993.
Kanter R.M., Wiara w siebie. Jak zaczynają się i kończą dobre i złe passy, Warszawa 2006.
Keller H., Historia mojego życia, Warszawa 1978.
Kirschner J., Zwycięstwo bez walki. Strategie przeciw agresji, Gliwice 2008.

Koch R., Zasada 80/20. Lepsze efekty mniejszym nakładem sił i środków, Konstancin-Jeziorna 1998.

Kopmeyer M.R., Praktyczne metody osiągania sukcesu, Warszawa 1994.

Ksenofont, Cyrus Wielki. Sztuka zwyciężania, Warszawa 2008.

Kuba A., Hausman J., Dzieje samochodu, Warszawa 1973.

Kumaniecki K., Historia kultury starożytnej Grecji i Rzymu, Warszawa 1964.

Lamont G., Jak podnieść pewność siebie, Łódź 2008.

Leigh A., Maynard M., Lider doskonały, Poznań 1999.

Littauer F., Osobowość plus, Warszawa 2007.

Loreau D., Sztuka prostoty, Warszawa 2009.

Lott L., Intner R., Mendenhall B., *Autoterapia dla każdego. Spróbuj w osiem tygodni zmienić swoje życie*, Warszawa 2006.

Maige Ch., Muller J.-L., *Walka z czasem. Atut strategiczny przedsiębiorstwa*, Warszawa 1995.

Mansfield P., *Jak być asertywnym*, Poznań 1994.

Martin R., *Niepokorny umysł. Poznaj klucz do myślenia zintegrowanego*, Gliwice 2009.

Maslow A., *Motywacja i osobowość*, Warszawa 2009.

Matusewicz Cz., *Wprowadzenie do psychologii*, Warszawa 2011.

Maxwell J.C., *21 cech skutecznego lidera*, Warszawa 2012.

Maxwell J.C., *Tworzyć liderów, czyli jak wprowadzać innych na drogę sukcesu*, Konstancin-Jeziorna 1997.

Maxwell J.C., *Wszyscy się komunikują, niewielu potrafi się porozumieć*, Warszawa 2011.

McCormack M.H., *O zarządzaniu*, Warszawa 1998.

McElroy K., *Jak inwestować w nieruchomości. Znajdź ukryte zyski, których większość inwestorów nie dostrzega*, Osielsko 2008.

McGee P., *Pewność siebie. Jak mała zmiana może zrobić wielką różnicę*, Gliwice 2011.

McGrath H., Edwards H., *Trudne osobowości. Jak radzić sobie ze szkodliwymi zachowaniami innych oraz własnymi*, Poznań 2010.

Mellody P., Miller A.W., Miller J.K., *Toksyczna miłość i jak się z niej wyzwolić*, Warszawa 2013.

Melody B., *Koniec współuzależnienia*, Poznań 2002.

Miller M., *Style myślenia*, Poznań 2000.

Mingotaud F., *Sprawny kierownik. Techniki osiągania sukcesów*, Warszawa 1994.

MJ DeMarco, *Fastlane milionera*, Katowice 2012.

Morgenstern J., *Jak być doskonale zorganizowanym*, Warszawa 2000.

Nay W.R., *Związek bez gniewu. Jak przerwać błędne koło kłótni, dąsów i cichych dni*, Warszawa 2011.

Nierenberg G.I., *Ekspert. Czy nim jesteś?*, Warszawa 2001.

Ogger G., *Geniusze i spekulanci, Jak rodził się kapitalizm*, Warszawa 1993.

Osho, *Księga zrozumienia. Własna droga do wolności*, Warszawa 2009.

Parkinson C.N., *Prawo pani Parkinson*, Warszawa 1970.

Peale N.V., *Entuzjazm zmienia wszystko. Jak stać się zwycięzcą*, Warszawa 1996.

Peale N.V., *Możesz, jeśli myślisz, że możesz*, Warszawa 2005.

Peale N.V., *Rozbudź w sobie twórczy potencjał*, Warszawa 1997.

Peale N.V., *Uwierz i zwyciężaj. Jak zaufać swoim myślom i poczuć pewność siebie*, Warszawa 1999.

Pietrasiński Z., *Psychologia sprawnego myślenia*, Warszawa 1959.

Pilikowski J., *Podróż w świat etyki*, Kraków 2010.

Pink D.H., *Drive*, Warszawa 2011.

Pirożyński M., *Kształcenie charakteru*, Poznań 1999.

Pismo Święte Starego i Nowego Testamentu. Biblia Tysiąclecia, Warszawa 2002.

Pismo Święte w Przekładzie Nowego Świata, 1997.

Popielski K., *Psychologia egzystencji. Wartości w życiu*, Lublin 2009.

Poznaj swoją osobowość, Bielsko-Biała 1996.

Przemieniecki J., *Psychologia jednostki. Odkoduj szyfr do swego umysłu*, Warszawa 2008.

Pszczołowski T., *Umiejętność przekonywania i dyskusji*, Gdańsk 1998.

Reiman T., *Potęga perswazyjnej komunikacji*, Gliwice 2011.

Robbins A., *Nasza moc bez granic. Skuteczna metoda osiągania życiowych sukcesów za pomocą NLP*, Konstancin-Jeziorna 2009.

Robbins A., *Obudź w sobie olbrzyma... i miej wpływ na całe swoje życie – od zaraz*, Poznań 2002.

Robbins A., *Olbrzymie kroki*, Warszawa 2001.

Robert M., *Nowe myślenie strategiczne: czyste i proste*, Warszawa 2006.

Robinson J.W., *Imperium wolności. Historia Amway Corporation*, Warszawa 1997.

Rose C., Nicholl M.J., *Ucz się szybciej, na miarę XXI wieku*, Warszawa 2003.

Rose N., *Winston Churchill. Życie pod prąd*, Warszawa 1996.

Rychter W., *Dzieje samochodu*, Warszawa 1962.

Ryżak Z., *Zarządzanie energią kluczem do sukcesu*, Warszawa 2008.

Savater F., *Etyka dla syna*, Warszawa 1996.

Schäfer B., *Droga do finansowej wolności. Pierwszy milion w ciągu siedmiu lat*, Warszawa 2011.

Schäfer B., *Zasady zwycięzców*, Warszawa 2007.

Scherman J.R., *Jak skończyć z odwlekaniem i działać skutecznie*, Warszawa 1995.

Schuller R.H., *Ciężkie czasy przemijają, bądź silny i przetrwaj je*, Warszawa 1996.

Schwalbe B., Schwalbe H., Zander E., *Rozwijanie osobowości. Jak zostać sprzedawcą doskonałym*, tom 2, Warszawa 1994.

Schwartz D.J., *Magia myślenia kategoriami sukcesu*, Konstancin-Jeziorna 1994.

Schwartz D.J., *Magia myślenia na wielką skalę. Jak zaprząc duszę i umysł do wielkich osiągnięć*, Warszawa 2008.

Scott S.K., Notatnik milionera. Jak zwykli ludzie mogą osiągać niezwykłe sukcesy, Warszawa 1997.

Sedlak K. [red.], Jak poszukiwać i zjednywać najlepszych pracowników, Kraków 1995.

Seiwert L.J., Jak organizować czas, Warszawa 1998.

Seligman M.E.P., Co możesz zmienić, a czego nie możesz, Poznań 1995.

Seligman M.E.P., Pełnia życia, Poznań 2011.

Seneka, Myśli, Kraków 1989.

Sewell C., Brown P.B., Klient na całe życie, czyli jak przypadkowego klienta zmienić w wiernego entuzjastę naszych usług, Warszawa 1992.

Słownik pisarzy antycznych, Warszawa 1982.

Smith A., Umysł, Warszawa 1989.

Spector R., Amazon.com. Historia przedsiębiorstwa, które stworzyło nowy model biznesu, Warszawa 2000.

Spence G., Jak skutecznie przekonywać... wszędzie i każdego dnia, Poznań 2001.

Sprenger R.K., Zaufanie # 1, Warszawa 2011.

Staff L., Michał Anioł, Warszawa 1990.

Stone D.C., Podążaj za swymi marzeniami, Konstancin-Jeziorna 1998.

Swiet J., Kolumb, Warszawa 1979.

Szurawski M., Pamięć. Trening interaktywny, Łódź 2004.

Szyszkowska M., W poszukiwaniu sensu życia, Warszawa 1997.

Tatarkiewicz W., O szczęściu, Warszawa 1979.

Tavris C., Aronson E., Błądzą wszyscy (ale nie ja), Sopot–Warszawa 2008.

Tracy B., Milionerzy z wyboru. 21 tajemnic sukcesu, Warszawa 2002.

Tracy B., Plan lotu. Prawdziwy sekret sukcesu, Warszawa 2008.

Tracy B., Scheelen F.M. Osobowość lidera, Warszawa 2001.

Tracy B., Sztuka zatrudniania najlepszych. 21 praktycznych i sprawdzonych technik do wykorzystania od zaraz, Warszawa 2006.

Tracy B., Turbostrategia. 21 skutecznych sposobów na przekształcenie firmy i szybkie zwiększenie zysków, Warszawa 2004.

Tracy B., Zarabiaj więcej i awansuj szybciej. 21 sposobów na przyspieszenie kariery, Warszawa 2007.

Tracy B., Zarządzanie czasem, Warszawa 2008.

Tracy B., Zjedz tę żabę. 21 metod podnoszenia wydajności w pracy i zwalczania skłonności do zwlekania, Warszawa 2005.

Twentier J.D., Sztuka chwalenia ludzi, Warszawa 1998.

Urban H., Moc pozytywnych słów, Warszawa 2012.

Ury W., Odchodząc od nie. Negocjowanie od konfrontacji do kooperacji, Warszawa 2000.

Vitale J., Klucz do sekretu. Przyciągnij do siebie wszystko, czego pragniesz, Gliwice 2009.

Waitley D., Być najlepszym, Warszawa 1998.

Waitley D., Imperium umysłu, Konstancin–Jeziorna 1997.

Waitley D., Podwójne zwycięstwo, Warszawa 1996.

Waitley D., Sukces zależy od właściwego momentu, Warszawa 1997.

Waitley D., Tucker R.B., Gra o sukces. Jak zwyciężać w twórczej rywalizacji, Warszawa 1996.

Walton S., Huey J., Sam Walton. Made in America, Warszawa 1994.

Waterhouse J., Minors D., Waterhouse M., Twój zegar biologiczny. Jak żyć z nim w zgodzie, Warszawa 1993.

Wegscheider-Cruse S., Poczucie własnej wartości. Jak pokochać siebie, Gdańsk 2007.

Wilson P., Idealna równowaga. Jak znaleźć czas i sposób na pełnię życia, Warszawa 2010.

Ziglar Z., Do zobaczenia na szczycie, Warszawa 1995.

Ziglar Z., Droga na szczyt, Konstancin–Jeziorna 1995.

Ziglar Z., Ponad szczytem, Warszawa 1995.

INNE KSIĄŻKI WYDAWCY

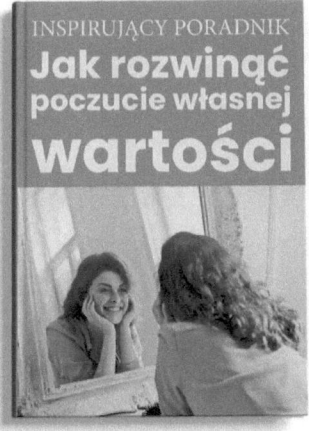

Wersje audio i e-book dostępne u naszych partnerów.
Audiobook – Audioteka i Storytel
E-book – Empik i Nexto

INNE KSIĄŻKI WYDAWCY

Wersje audio i e-book dostępne u naszych partnerów.
Audiobook – Audioteka i Storytel
E-book – Empik i Nexto

INNE KSIĄŻKI WYDAWCY

Wersje audio i e-book dostępne u naszych partnerów.
Audiobook – Audioteka i Storytel
E-book – Empik i Nexto

www.ingramcontent.com/pod-product-compliance
Lightning Source LLC
LaVergne TN
LVHW040102080526
838202LV00045B/3750